KB078634

알베르 카뮈

차례
Contents

루르마랭의 카뮈

1960년 1월 4일

그날, 월요일, 자동차 한 대가 파리를 향해 빠른 속도로 달렸다. 길은 곧게 뻗어 있었다. 별안간 끔찍한 소리가 났다. 자동차는 큰 나무를 들이받고 휴지조각처럼 구겨졌다. 운전자는 중상을 입었고, 동승인은 즉사했다. 동승인의 신분증에는 이렇게 씌어 있었다. '알베르 카뮈(Albert Camus), 작가, 1913년 11월 7일 알제리 몽도비(Mondovi) 출생.'

카뮈의 호주머니 속에는 파리행 기차표가 들어 있었다. 실은 바캉스를 끝낸 카뮈 가족이 기차로 귀경하려 했을 때 친구 미셸 갈리마르(Michel Gallimard)[1]가 카뮈에게 자동차로 함께

3

가자고 제의했고, 카뮈는 이를 받아들여 가족들만 기차로 보냈던 것이다. 그 때문에 사람들은 이렇게 말하곤 했다. '카뮈의 죽음은 참 부조리해.' 그렇지만 부조리하지 않은 죽음이 어디 있을까. 다만 틈만 나면 삶의 부조리를 이야기하던 카뮈였기에 더 그렇게 보였을 뿐⋯⋯.

카뮈를 읽으면 누구나 그와 악수를 하고 싶은 욕망을 느끼게 된다고 했던가. 사람들은 그의 죽음에 큰 충격을 받았다. 늘 가까운 친구처럼 느껴졌던 카뮈⋯⋯미소 지을 줄 알았던 카뮈⋯⋯불안한 듯 확신에 찬 목소리를 가졌던 카뮈⋯⋯. 의사의 소견에 따르면 카뮈는 사고 순간 고통 없이 즉사했다. 카뮈의 애독자라면 『이방인 L'Etranger』으로 전후 젊은이들의 우상이 되기 전, 청년 카뮈가 썼던 습작 『행복한 죽음 La Mort heureuse』을 기억하리라. 카뮈의 죽음은 부조리한 죽음이기도 했지만 동시에 '행복한 죽음'이기도 했다.

왜 루르마랭인가?

카뮈가 루르마랭(Lourmarin)을 알게 된 것은 스승 장 그르니에(Jean Grenier) 덕분이었다. 루르마랭은 주민이 몇 백 명밖에 안 되는 작은 마을이었다. 루르마랭에 자주 머물며 그곳에 관한 책을 쓰기도 했던 그르니에는 카뮈를 루르마랭에 초대했고, 첫날 밤부터 카뮈는 병풍처럼 펼쳐진 뤼베롱 산맥, 무성한 사이프러스 나무, 산 위로 떠오르는 눈부시게 맑은 별들, 특히

심신을 설레게 하는 압도적 고요에 완전히 매료되었다. 1959
년 새로운 창작 에너지를 얻기 위해 파리를 떠나고 싶어 하던
카뮈는 당연히 루르마랭으로 갔다.

파리의 '유목민' 카뮈는 노벨문학상 상금으로 루르마랭에
집을 한 채 구했고, 그 집을 '정착지'로 삼고자 했다. 언쟁에
가까운 논쟁이 난무하던 파리에서 늘 깊은 고독과 불안을 느
꼈던 카뮈는 루르마랭에서 행복했다. 거기서 카뮈는 부조리와
반항에 이어 사랑을 테마로 글을 쓰고자 했다. 소설의 제목은
'최초의 인간'이었는데, 카뮈가 죽던 날 그의 서류가방 속에는
집필중이던 『최초의 인간 *Le Premier homme*』의 원고가 들어 있
었다. 카뮈는 '이 책을 읽지 못할 당신께'라는 어머니에게 바
치는 헌사와 함께 이 소설을 시작했다. 왜냐하면 이 소설이 자
기 가족의 이야기, 나아가 알제리에 정착한 프랑스 이민들의
이야기를 다루고 있었기 때문이다. 말을 바꾸면 카뮈는 루르
마랭에서 자신의 고향, 자신의 뿌리를 찾고 있었다.

엑상프로방스, 아비뇽, 압트가 이루는 삼각 지대 한가운데
위치한 루르마랭은 알제리 프랑스인, 즉 영원한 지중해인 카
뮈가 선택한 마음의 고향이었다. 넓은 포도밭과 푸른 산은 알
제(Alger)[2]의 평원과 산을 연상시켰고, 알이 굵고 검은 포도는
몽도비의 포도를 떠올리게 했다. 이를테면 알제리 전쟁과 파
리의 논쟁에 지친 카뮈의 마음에 루르마랭은 언제라도 조용한
휴식을 약속하는 시골 마을의 예쁜 호텔과도 같았다. 그는 평
온한 표정으로 이렇게 말하곤 했다. "아주 기분이 좋습니다.

드디어 내가 묻힐 묘지를 찾았기 때문이죠. 난 루르마랭에 묻힐 거예요."³⁾ 파리 근교에서 사망한 그 다음 날 카뮈의 시신은 루르마랭으로 이송되었다.

루르마랭의 카뮈

루르마랭으로 가는 길은 뜨거웠다. 발랑스를 지나 발랑솔로 접어들었을 땐 정말 숨이 멎는 줄 알았다. 우선은 몇 시간씩 쬔 뜨거운 태양 때문에 그랬고, 그 다음엔 문득 눈앞에 펼쳐진 끝없는 라벤더 꽃밭 때문에 그랬다. 구경도 할 겸 숨도 돌릴 겸 차에서 내렸을 때 김화영 교수가 프로방스에서 느꼈던 그 '행복의 충격'이 무엇인지 알 듯도 했다.⁴⁾ 가공하지 않은 라벤더 향기가 뜨거운 열기와 함께 올라왔고, 거대한 언덕을 가득 메운 꿀벌의 날갯짓 소리가 천지에 진동했다. 그리고 무엇보다 라벤더 꽃송이가 이룬 보랏빛 세상은 마르셀 파뇰(Marcel Pagnol)의 프로방스 영화 「빵집 여자 *La Femme du boulanger*」의 보랏빛 첫 화면과 똑같았다. 눈에 보이고 귀에 들리는 향기를 뒤로한 채 다시 자동차에 올랐다. 그 다음은 다시 뜨거운 프로방스의 태양……약간의 현기증……압도적으로 아름다운 무엇인가를 보았을 때의 설명할 수 없는 눈물겨움……간간이 타오르는 삼나무 가로수……연분홍빛 지붕들……그리고 마랑고로 떠나는 『이방인』의 뫼르소(Meursault)처럼 살폿 든 선잠…….

루르마랭은 상상보다 더 작은 마을이었다. 공원묘지를 찾기 위해서는 지나가는 마을 사람 아무에게나 묻는 것으로 족했다. 좌회전해서 십자로가 나오면 다시 좌회전, 오십 미터쯤 가다가 좁은 골목길로 우회전해서 공터가 나오면 주차할 것. 공원묘지는 시골 초등학교 운동장보다도 작을 정도로 아담했다. 하지만 입구 표지판에서 위치를 확인하고도 찾는 데 십 분이 더 걸렸다. 왜냐하면 카뮈의 묘비가 그만큼 작고, 소박하고, 더욱이 색깔이 바랬기 때문이다. 실은 바로 그 옆에 색깔이 좀 덜 바랜 그의 부인 프랑신 카뮈(Francine Camus)의 묘비가 눈에 띄지 않았더라면 카뮈의 무덤을 영영 못 찾았을지도 모른다. 흔한 꽃송이 하나, 기리는 사람 하나 없는 묘비엔 다만 이렇게 씌어 있었다. 'Albert Camus 1913~1960.' 그밖에 공원묘지에서 만난 건 생전의 카뮈가 그토록 좋아했던 눈부신 태양과 처연한 고요뿐이었다.

카뮈의 이메일

루르마랭에서 서울로 돌아온 지 열흘째 되는 날 아침, '알베르 카뮈'란 제목의 이메일이 도착했다. 기이하지 않은가! 강렬한 호기심으로 열었더니 살림출판사에서 카뮈의 삶에 관한 책을 하나 써줄 수 있겠느냐고 물어보는 내용이었다. 그것은 우연이었지만 동시에 경이였다. 카뮈의 죽음을 본 기억이 채 가시기도 전에 카뮈의 삶을 기록으로 남기지 않겠느냐는 이메일, 별안간 하늘에서 떨어진 듯한 이메일······.

빚진 것도 없건만 그 어떤 운명적 채무감 같은 것이 느껴졌다. 게다가 출판사의 이름이 '살림'이라는 것도 기이하지 않은가! 물론 다른 뜻이 있겠지만 어쩐지 카뮈를 살린다는 말로 들리기도 했다. 아무튼 이 상황에서 이 청탁을 거절할 수 있는 이가 누가 있을까? 어쩔 수 없다. 부족한 재능이지만 최선을 다할 수밖에. 행복한 여행은 언제나 새로운 길을 여는 법이라고 자위하며 떠나자. 하지만 이번에는 카뮈의 죽음이 아니라, 카뮈의 삶을 찾아서······.

알제리 : 태양, 바다, 침묵

가난과 침묵

1913년 11월 7일 알제리 소도시 몽도비의 한 농가에서 알베르 카뮈가 태어났다. 아버지 뤼시엥 오귀스트 카뮈(Lucien Auguste Camus)는 포도농장 노동자였고, 어머니 카트린 생테스(Catherine Sintès)는 스페인 혈통의 하녀였다. 카뮈는 평생 스스로를 프랑스인인 동시에 알제리인이라고 생각했지만, 사람들의 생각은 달랐다. 뿌리 뽑힌 사람들……. 카뮈는 알제리에서도 프랑스에서도 '이방인' 취급을 받았다.

아버지는 제1차세계대전중에 징집되어 난생 처음 고국 프랑스로 갔고, 거기서 전사했다. 말하자면 아버지는 카뮈의 뇌

리에 기억도 되기 전에 영원한 침묵 속으로 들어갔다. 그런데 카뮈가 기억하는 한 어머니 역시 언제나 침묵 속에 살았다.

아버지가 전사한 후 몽도비에서 알제의 빈민가 벨쿠르로 이사한 어머니는 가정부 일을 하며 두 어린 아들, 뤼시엥과 알베르를 먹여 살렸다. 어머니는 선천적으로 귀가 어둡고 말도 약간 더듬었다. 카뮈가 보기에 어머니는 항상 겁에 질려 소극적으로 살았다. 하루하루 먹고사는 것 외에 도대체 무슨 일을 할 수 있단 말인가? 산다는 것은 죽지 않고 있다는 것일 뿐인데……. 집 밖에는 햇빛과 소음이 있었고, 집 안에는 어둠과 침묵이 있었다. (침묵 없이 카뮈와 카뮈의 문체를 규정할 수 있을까?) 요컨대 어머니의 자리는 식민지 알제리에 내재한 또 하나의 식민지였다.

카뮈가 중등교육을 받을 수 있었던 것은 일종의 천혜였다. 왜냐하면 알제리의 하층민은 일반적으로 초등학교를 졸업하면 노동자가 되는 것이 정해진 길이었기 때문이다. 일찍이 카뮈의 재능을 알아본 초등학교 담임선생 루이 제르맹(Louis Germain)은 그에게 중학교 입학 장학생 선발고사를 치르게 했고, 카뮈는 합격했다.[5] 카뮈의 전 인생이 그랬듯 그의 학창 시절도 두 극단 사이에 던져져 있었다. 학교에서는 노동의 세계에서 온 이방인이었고, 집에서는 정신의 세계에서 온 이방인이었다. 그가 지식을 쌓으면 쌓을수록 그와 가족들 사이에는 침묵의 골이 깊어 갔다. 도서관에서 빌려온 책을 읽는 아들을 어머니는 마치 딴 세상 사람을 바라보듯 물끄러미 쳐다보았다. 학교는 도피처였다. 그곳은 온 가족이 오직 하루하루 먹고 살기 위해 몸부림쳐야 했던 집을 잠시나마 잊게 해주었다.

태양과 바다

카뮈를 추억할 때 잊지 말아야 할 사실은 이것이다. 그는 무엇보다 지중해인이었다. 태양과 바다 없는 지중해인을 어떻게 상상할 수 있을까? 『이방인』의 뫼르소[6]처럼 그가 드물게 행복을 느낀 순간은 바로 태양과 바다 사이에서 수영을 할 때였다. 태양이라는 양과 바다라는 음의 조화 덕분에 행복이 가능해진다라든가, 바닷물은 태아 시절 몸담고 있었던 어머니의 양수이기에 행복이 가능해진다라든가 하는 분석은 일단 접어두자. 태양과 바다, 그것은 카뮈의 영원한 고향이다.

지중해에서는 언어보다 먼저 오는 것이 육체의 감각이다. 이탈리아 사람들의 육체적 열정과 프로방스 사람들의 눈부신 감각을 떠올려 보라. 살아 있다는 기쁨, 존재한다는 기쁨이 얼마나 지극한가. 태양과 바다는 카뮈에게 감각적·육체적 기쁨을 가져다주었다. 카뮈는 지중해의 뜨거운 태양을 폭식했고, 지중해의 푸른 바다를 폭음했다. 곤핍한 일상생활의 와중에서 적어도 태양과 바다는 공짜였다.

알제 근처에는 로마제국의 옛 도시 티파사(Tipasa)가 있고, 티파사에는 태양과 바다와 무덤이 있다. 무상한 시간이 흘러 무덤의 돌 위에 새겨진 글자는 읽을 수 없었지만, 죽음은 엄연히 존재했다. 카뮈가 '희망 없는 죽음의 확실성'[7]을 인식한 것은 바로 티파사에서였다. 지중해에서는 신이 부재하며, 자연은 그 자체로 충분하다. 삶의 기쁨과 죽음의 슬픔이 공존하는 이곳에서 죽음은 삶의 일부분, 다만 그 마지막 일부분일 뿐이었다.

> 사하라 사막과 바다라는 엄청난 자연의 공간……순간의 수도인 알제, 아프리카의 관문으로서의 알제. 그곳으로 깊이 들어가면 갈수록 미래란 무의미한 것임을 경악과 함께 깨닫게 된다. 원주민들에게 선교사들의 입버릇인 '말세'는 이해될 수 없는 말이다.[8]

자연이 곧 신인 이곳에서 기독교가 무슨 소용인가? 젊음과 육체의 현재, 중요한 것은 그것뿐이다. 사회적 성공도 사후의 낙원도 이차적인 문제이다. 태양과 바다 속에 던져진 젊음, 그것만큼 완벽한 성공, 그것만큼 완벽한 낙원이 어디 있을까?

지중해의 태양은 과연 카뮈의 작품세계에 범람한다. 카뮈는 무엇보다 태양의 작가이며, 『이방인』은 무엇보다 태양의 소설이다. 카뮈는 미국판 서문에서 태양 없는 『이방인』을 상상할 수 없다고 말한 바 있다. 카뮈의 부조리가 카프카의 음습한 부조리와 다르다면 그것은 바로 너무나 강렬한 빛으로 우리의 눈을 멀게 하는 지중해의 태양 때문이다. 흔히 사람들은 카뮈를 동시대의 대표 지성 사르트르(Jean-Paul Sartre)와 비교하기를 좋아한다. 어린 시절 사르트르가 자연의 아름다움을 책 속에서, 외할아버지 시바이처의 서재에서 목격했다면, 카뮈는 책의 진실을 자연 속에서, 지중해의 태양 속에서 터득했다. 요컨대 지중해는 카뮈의 고향이자 카뮈의 사상이었다.

대학과 열정

아르바이트로 학비를 버는 고단한 생활 가운데서도 카뮈는 대학생 특유의 열정을 잃지 않았다. 그가 특히 공을 들인 대상은 축구, 독서, 사랑, 역사, 연극이었다. 알제 대학 축구팀의 골키퍼로서 어느 일요일 시합을 마치고 돌아온 카뮈는 오한에 떨다가 자리에 눕는데, 오한은 결국 폐결핵으로 발전했다. 이 병은 대학교수가 되고자 했던 카뮈의 꿈을 좌절시켰다. 대학교수 자격시험을 위한 신체검사를 두 번이나 통과하지 못했던 것이다. 카뮈가 신문기자를 거쳐 작가가 된 것은 어쩌면 운명적인 이 발병 때문 혹은 덕분이었다.

폐결핵보다 먼저 카뮈를 글쓰기의 세계로 이끈 것은 푸줏간 주인인 삼촌이었다. 직업에 어울리지 않게 독서를 좋아한 삼촌은 카뮈에게 종종 책을 빌려주곤 했다. 어느 날 삼촌은 아무것이나 닥치는 대로 읽고 있던 카뮈에게 앙드레 지드(André Gide)의 『지상의 양식 Les Nourritures terrestres』을 빌려주었다. 이 책을 다 읽은 카뮈는 사실 어리둥절할 뿐이었다. 왜냐하면 매일매일 자연의 풍요를 만끽하는 그로서는 자연에 대한 지드의 간절한 그리움을 도통 이해할 수 없었기 때문이다. 오히려 카뮈는 강력한 자아실현 의지를 보여주는 몽테를랑(Henri de Montherlant)과 앙드레 말로(André Malraux)를 좋아했다. 그리고 톨스토이와 도스토예프스키의 사회적·철학적 문제의식도 그의 관심을 끌었다. 그러나 뭐니 뭐니 해도 카뮈의 지적·문학적 발달에 가장 큰 영향을 준 정신세계는 절제와 균형, 한계와 중용을 제일덕목으로 삼는 고대 그리스 철학이었다. 어린 시절의 자연과 플라톤·성 아우구스티누스의 독서가 가르쳐 준 지중해의 헬레니즘[9]은 이후 『시지프 신화 *Le Mythe de Sisyphe*』『반항인 *L'Homme révolté*』 등 카뮈의 철학적 에세이에서 진실의 등대로 기능한다.

1930년 알제 대학 문과반에서 장 그르니에 교수를 만난 것은 카뮈의 작가수업에서 큰 행운이었다.[10] 그르니에 교수가 빌려준 앙드레 드 리쇼(André de Richaud)의 소설 『고통 *La Douleur*』은 소설이 망각과 심심파적만을 주는 게 아님을 깨닫게 했다. 또한 그르니에 교수는 청년 카뮈에게 잊을 수 없는 선의를 베풀었다. 카뮈가 폐결핵을 앓고 있을 때 그르니에 교수가 벨쿠르 집으로 병문안을 왔고, 고마움과 수줍음으로 어쩔 줄 몰라 하던 카뮈는 이후 평생 그를 존경하게 되었다. 그리고 카뮈가 니체, 키에르케고르, 쇼펜하우어, 파스칼 등 빼어난 철학자들에 대해 기본 지식을 갖추게 된 것은 순전히 그르니에 교수의 지도 덕분이었다.

한편 대학 시절의 카뮈는 단단한 근육질 몸매를 지닌 멋진 청년으로서 여학생들에게 상당한 인기가 있었다. 1934년 6월 스물한 살의 카뮈는 대학동문 시몬 이에(Simone Hié)와 결혼을 했고, 이 년 후 이혼했다. 아무래도 잊고 싶은 추억인 듯 후일 카뮈는 이 결혼생활에 대해서 극도로 말을 아꼈다. 아마도 지중해의 감각적 열정이 그를 조혼으로 몰아간 것으로 보이는데, 더 자세한 정보를 원하는 독자는 이 책의 6장 '문학, 연극, 사랑'을 보기 바란다.

역사적 현실에 대한 관심은 카뮈의 온 가족을 짓누른 가난의 산물이었다. 1934년 말 카뮈는 그르니에 교수의 권유로 공산당에 입당했다. 그 시절 그는 「공산당 선언」을 감동적으로 받아들였으며, 레닌에게 맹목에 가까운 존경을 표했다. 그렇지만 이 공산주의 경험은 그리 오래가지 못한다. 이 년 후 스탈린이 프랑스 내각수반 라발(Laval)의 부탁을 받고 프랑스 공산당으로 하여금 회교도 지지를 철회하게 하자 카뮈는 실망했다. 당원 카뮈는 당의 명령 복종 요구에 반발했고, 결과는 제명처분이었다. 공산주의와 카뮈의 유대관계는 그것으로 끝이었다.

청년 카뮈를 사로잡은 또 하나의 열정은 연극이었다. 1935년 카뮈는 나중에 레키프(L'Equipe)극단으로 발전할 노동극단(Théâtre du travail)의 일원이 되었다. 동네 소극장에서 공연하던 이 극단에서 그는 극작가이자, 배우이자, 연출가였다. 그리고 1936년에는 알제 라디오 방송극단의 배우로서 전국 순회 공연을 했다. 무대는 작가와 배우와 관객이 결합하는 행복한 공간이었다. 적어도 카뮈는 거기서 외롭지 않았다. 파리 지식인 사회의 외톨이로 살았던 그가 평생 연극인의 직업을 포기하지 않았던 것은 바로 연극이 요구하는 팀 정신을 사랑했기 때문이다.

1938년 대학원 졸업생 카뮈는 그의 인생에 또 한번의 운명적 영향을 미칠 파스칼 피아(Pascal Pia)를 만났다. 커피 애호가이며 아폴리네르 전문가인 피아는 종래의 알제리 신문과는 완전히 다른 신문으로서 아랍인의 권익 옹호에 앞장선 「알제 레퓌블리캥 *Alger Républicain*」을 창간했다. 카뮈는 「알제 레퓌블리캥」에 신문기자로 취직하여 잡보, 정치, 문학, 사설에 이르기까지 온갖 분야의 글을 썼다. 특히 그는 알제리의 정치적 문제를 다루는 기사를 많이 썼다. 하지만 늘 그렇듯 카뮈의 미덕이자 한계는 지중해적 정체성, 더 구체적으로 말하자면 그리스적 정체성이었다. 알제리 사회에 가장 큰 영향을 미친 기사는 빈민촌 르포 기사 "카빌리(Kabylie)의 비참"이었거니와, 여기서 카뮈가 진정 안타까워한 것은 아랍계 카빌리인의 참상보다는 그리스계 카빌리인의 참상이었다.[11] 이를테면 카뮈는 육체적으로는 알제리의 지중해인이었지만, 정신적으로는 그리스의 지중해인이었다. 아무튼 지중해에서 태어나고 자란 청년 카뮈의 관심사는 이처럼 태양, 바다, 죽음, 축구, 독서, 사랑, 역사, 연극 등으로 요약된다. 그리고 이 시기에 경험한 다양한 열정, 즉 작가, 연극인, 신문기자로서의 열정은 이후 성년 카뮈의 인생을 장식할 것이다.

부조리란 무엇인가

부조리, 반항, 사랑

　카뮈는 창작생활 동안 세 개의 핵심 주제를 삼중의 계획에 기반하여 형상화하고자 했다. 예를 들면 '부조리'라는 주제를 다루는 작품으로 소설 『이방인』, 희곡 「오해 *Le Malentendu*」와 「칼리귈라 *Caligula*」, 철학적 수필 『시지프 신화』를 썼고, '반항'이라는 주제를 다루는 작품으로 소설 『페스트 *La Peste*』, 희곡 「계엄령 *L'Etat de siège*」과 「정의의 사람들 *Les Justes*」, 철학적 수필 『반항인』을 썼다. 그리고 '사랑'이라는 주제를 다루는 작품으로 『최초의 인간』을 쓰던 중 불의의 사고로 죽음으로써 이 주제는 영원히 미완성으로 남았다.

카뮈 사상의 출발점인 부조리 철학은 카뮈의 반대에도 불구하고 일반적으로 실존주의 사상에 결부되곤 한다. 그 자신 실존주의자가 아니라고 수없이 주장했지만, 사람들은 그를 사르트르, 보부아르(Simone de Beauvoir), 메를로퐁티(Maurice Merleau-Ponty) 등 실존주의자들 그룹과 함께 설명하기를 좋아한다. 그 이유는 아마도 작가의 주장에도 불구하고 작품이 충분히 실존주의적이었기 때문일 것이다. 따라서 카뮈의 부조리 철학 혹은 부조리 계열의 작품을 더 잘 이해하기 위해서는 실존주의에 대한 지식을 선취할 필요가 있다.

실존주의란 무엇인가

실존주의와 관련한 흔한 오류 중의 하나는 '실존(existence)'과 '존재(être)'의 혼동이다. 첫 단추를 잘못 끼우는 것과 같은 이 혼동이 저질러지면 이후의 논의는 재앙일 뿐이다. 프랑스 실존주의 철학의 정수를 담고 있는 사르트르의 주요 저술의 제목이 '존재와 무(L'Etre et le néant)'라는 것을 상기하자. 존재의 대립항은 '무(néant)'이며, 실존의 대립항은 '본질(essence)'이다. 그렇다면 무에 대립되는 존재는 쉽게 이해가 가는데, 본질에 대립되는 실존이란 무엇인가?

거칠게 말해 실존이란 인간이 태어났을 때 누구나 가지는 육체의 덩어리라고 할 수 있다. 이 육체의 덩어리는 다른 육체의 덩어리, 다른 사물의 덩어리와 구별되지 않는다. 어떤 육체의 덩어리를 다른 육체의 덩어리, 다른 사물의 덩어리와 구분해 주는 것이 바로 본질이다. 말하자면 개체는 그 자신의 고유한 본질을 지니고 있다. 가령 어두운 골목길 저 멀리서 날 기다리는 물체를 생각해 보자. 흐릿한 그 덩어리는 사람인지 짐승인지 아니면 사물인지 알 수가 없다. 이를테면 그 덩어리는 내게 본질 규정이 결여되어 있는 실존 그 자체이다. 그런데 내가 점점 가까이 다가감에 따라 그 덩어리는 다른 물체와 구분이 된다. 어둠 속 그 물체는 바로 우리 집 대문 앞에서 서성이며 날 기다리던 어머니였던 것이다. 늘 넉넉한 미소, 법 없이도 살 수 있는 고운 심성 등의 본질을 가진 우리 어머니……. 그렇다. 나라는 '존재'는 육체의 덩어리라는 '실존'을 가지고 있고, 다른 사물, 다른 사람과 구분되는 '본질'을 가지고 있다. 단순하게 공식화하자면 이렇다.

존재 = 실존 + 본질

사르트르에 의하면 사물의 경우에는 본질이 실존에 앞서지만, 인간의 경우 '실존이 본질에 앞선다.' 예를 들면 목수가 의자를 만들고자 할 때 목수는 먼저 머릿속에서 의자의 기능이나 모양새 등 의자의 본질을 결정하고, 일정 기간의 작업 후 비로소 의자라는 실존을 탄생시킨다. 그런데 인간의 경우에는 육체의 덩어리라는 실존의 탄생 이전에 그것을 규정할 수 있는 본질은 아무것도 없다는 것이 사르트르의 생각이다. 인간

19

은 이유 없이(gratuité), 우연(contingence)에 의해 이 세계에 던져진 존재일 뿐이다.

물론 실존주의 철학 이전의 본질철학은 인간의 경우에도 본질이 실존에 앞선다고 본다. 예컨대 기독교에서 인간의 본질은 이미 신에 의해 규정되어 있다. 인간은 신의 형상을 닮았으며, 또한 십계명에 따라 사는 인간이 선한 인간이 될 것이다. 실존은 이 계율, 이 본질을 좇아 살아야 진정한 인간이 될 것인 바, 이를 벗어나는 삶은 인간 이하의 삶, 즉 동물의 삶이 될 것이다.

반면 실존주의 철학에 따르면, 세계 내에 던져진 인간에게 미리 정해진 규범이나 본질이 없는 이상 인간은 무슨 행동이든지 해도 좋다. 이를테면 그에게는 무한한 자유(liberté)가 주어져 있다. 그렇지만 무슨 짓이든 해도 좋은 이 무한한 자유, 이 공허하고 덧없는 자유가 사르트르에게는 구토(nausée)[12]를 일으켰다. 나는 내 곁의 돌부리를 차도 좋고 안 차도 좋다. 나는 내 곁의 친구를 때려도 좋고 안 때려도 좋다. 그러므로 매 순간 나는 수많은 행동 가운데서 선택(choix)을 해야 한다. 그런데 내 곁의 친구는 내게 타자이며, 이 타자는 나와 똑같은 자유의 구토를 느끼고 있는 의식(conscience)이다. 따라서 내가 그를 때릴 때 나와 똑같은 가치를 지니는 의식으로서 그는 내게 반응할 것이며, 내게 내 행동의 책임(responsabilité)을 물을 것이다. 그리하여 나는 항상 책임을 의식하며 행동을 선택해야 한다. 인간에게 있어 본질이란 바로 이 모든 선택의 결과에 다름 아니다. 내가 이런 선택을 했더라면 나는 이런 본질을 가졌을 것이며, 내가 저런 선택을 했더라면 나는 저런 본질을 가졌을 것이다. 여기서 사르트르의 유명한 명제가 탄생한다. '인간은 자기 행위의 총합이다.'

존재, 무, 실존, 본질, 이유 없음, 우연성, 자유, 구토, 의식, 선택, 책임 등 실존주의의 본질적 어휘들은 대체로 위와 같은 의미를 지니고 있다. 카뮈 혹은 적어도 카뮈의 대표작『이방인』이 이런 실존주의 정신을 공유하고 있음은 물론이다. 카뮈에게도 뫼르소에게도 삶과 죽음은 절대적으로 이유가 없는 것이다.

부조리란 무엇인가

카뮈는『시지프 신화』의 첫째 줄에서 진실로 심각한 철학적 문제는 단 한 가지, 즉 자살의 문제라고 했다. 습관과 타성으로 진실에의 욕망을 속이며 살아가던 인간에게 어느 날 문득 죽음이라는 근원적인 사실이 떠오른다. 왜 죽음인가? 죽음에 질문을 던지는 자는 당연히 삶에 질문을 던진다. 왜 삶인가? 애초에 대답 없는 이 물음들로 인해 소위 '부조리의 감수성'이 태동한다. 세계 내에 던져진 실존에 부재하는 존재이유, 그리고 그 부재의 존재이유를 찾고자 하는 인간의 불굴의 이성, 부조리는 양자 간의 화해 없는 대립, 괴리, 갈등으로부터 태어난다. 쉽게 말하면 어느 날 새벽 문득 잠에서 깨어 생명,

죽음, 우주, 존재, 무 등을 생각할 때 생기는 막막하고 아연한 감정, 그것이 바로 부조리의 감정이다.

그러므로 카뮈에 따르면 인간이나 세계가 그 자체로서 부조리한 것은 아니다. 잊지 말자. 카뮈가 말하는 '부조리 인간 (l'homme absurde)'은 '부조리를 의식하며 살아가는 인간', 즉 깨어 있는 의식을 가진 인간이란 뜻이지 결코 '부조리한 인간'이란 뜻이 아니다. 부조리는 인간'에'도, 세계'에'도 없다. 그것은 합리성을 열망하는 인간과 비합리성으로 가득 찬 세계 '사이에' 있다. 말하자면 부조리는 합리도 아니요, 비합리도 아니다. 그것은 합리와 비합리의 뒤섞임, 즉 코스모스(Cosmos) 이전의 카오스(Chaos)와 같은 것이다. 예컨대 박하사탕처럼 뜨겁기도 하고 차갑기도 한 상태, 즉 모순되는 두 대립항의 공존 상태, 즉 이성으로 모두 설명할 수 없는 상태가 바로 부조리한 상태이다. 코스모스가 카오스의 부분집합이듯 합리는 부조리의 부분집합이다. 부분이 전체를 다 설명할 수 없는 까닭에, 부조리의 합리적 추론이란 애당초 과욕인 것이다. 요컨대 부조리란 논리로써 설명할 수 있는 것이 아니라 단지 감정으로써 느낄 수 있을 뿐이다.

예를 들어보자. 만일 내가 전철역에서 기차를 기다리는 동안 어떤 사람이 나를 밀쳤고, 그 바람에 내가 또 누군가를 밀쳤고, 그 결과 그 누군가가 철로에 떨어져 때마침 진입하는 기차에 치여 죽었다고 하자. 내게 살인의 의사는 추호도 없었지만, 살인의 결과는 엄연히 있다. 나는 유죄인가, 무죄인가? 간단히 말해 부조리의 감정이란 이럴 때 느껴지는 황당함, 거북함이다. '태양' 때문에 벌어진 뫼르소의 살인, 그것은 부조리의 수많은 현상들 중의 하나일 뿐이다.

카뮈에 의하면 부조리는 인간의 숙명이다. 카뮈의 세계가 합리와 비합리, 도덕과 배덕(背德), 태양과 바다, 긍정과 부정, 고통과 기쁨, 삶과 죽음, 광기와 이성 등 반대되는 두 항의 양립을 특징으로 하는 것은 그러므로 필연적인 것이다. 이 특징은 대표작의 제목만 일별하더라도 쉽게 확인된다. 최초의 작품이 '안과 겉(L'Envers et l'endroit)'이라는 제목을 달고 있고, 최후의 작품이 '적지와 왕국(L'Exil et le royaume)'이라는 제목을 달고 있는 것은 결코 우연이 아니다. 아울러『이방인』이 본방인의 상대방이요,『결혼 Noces』『전락 La Chute』등이 하나의 말로써 양극단을 전제하고 있는 것도 같은 맥락으로 볼 수 있을 것이다. 이처럼 카뮈에게 행복과 불행, 빛과 어둠은 삶의 표면과 이면을 이루고 있다. 그러므로『이방인』의 뫼르소는 완전히 도덕적이지도, 완전히 부도덕하지도 않다. 그는 '부조리 인간', 즉 부조리를 의식하는 인간일 뿐이다.

행복한 시지프

그렇다면 하나의 선험적 조건으로 부과된 부조리 앞에서 인간은 과연 '어떻게' 살 것인가? 반항은 이 물음에 대한 대답이다. 카뮈는『시지프 신화』에서 부조리한 삶에 대한 있을 수 있는 대책으로서 '자살' '희망' '반항' 세 가지를 예시하면서, 그중 마지막의 것을 참된 해결책으로 꼽는다. 앞서 부조리는 합리성을 열망하는 인간의 의식과 비합리성으로 가득 찬 세계 사이의 대립에서 발생한다고 말한 바 있다. 자살이 해결책이 못 되는 것은 부조리의 한쪽 항인 '인간의 의식'을 삭제하는 것이기 때문이며, 희망, 즉 종교가 해결책이 못되는 것은 부조리의 다른 쪽 항인 '있는 그대로의 세계'를 삭제하는 것이기 때문이다. (종교는 항상 '있는 그대로의 세계'와는 다른 피안의 세계를 상정한다.) 따라서 자살과 종교는 문제의 해결이 아니라 문제의 회피일 뿐이다. 그렇다면 가장 존귀한 진실은 의식의 끊임없는 유지라는 것인데, 반항이란 바로 세계의 모순을 살아 있는 의식으로 바라보며 정면으로 맞서 싸운다는 것이다. 카뮈가 시지프를 '부조리의 신'으로 만든 것은 이런 맥락에서이다.

『시지프 신화』에서 카뮈는 '행복한 시지프'를 상상해 보지 않으면 안 된다고 말했다. 제우스의 일을 방해하고, 죽음의 신 타나토스를 잡아가두고, 저승의 신 하데스를 속인 죄로 시지프는 거대한 바위를 뾰족한 산정에 들어올리는 신벌을 받았다. 바보가 아닌 이상 시지프는 몇 번의 거듭된 실패 이후 깨달았으리라, 이 일은 결코 이룰 수 없는 일이라는 사실을. (이를테면 인간은 주변 사람들의 거듭된 죽음을 통해 알게 된다, 죽음은 결코 피할 수 없는 것이라는 사실을.) 그렇다면 시지프는 어떻게 할 것인가?

어느 날 이 신벌의 부조리성을 깨달은 시지프, 이를테면 '부조리 인간' 시지프는 그 부조리를 정통으로 바라보며, 그 부조리를 온몸으로 살아내기로 작심한다. 그는 기꺼이 땀흘리며 바위를 산정에 들어올렸고, 이내 곧 바위는 산기슭을 향해 굴러 떨어졌다. 그러나 악전고투 끝에 바위를 산정에 올려놓는 순간, 그 간발의 순간 시지프는 자신의 고역에 대해 한없는 자부심을 느낀다. 비록 한순간이나마 자신의 성공에 대해 행복해 하며 시지프는 다시 바위를 따라 산기슭으로 내려가는 것이다. 환언하면 '부조리'에 대한 해결책으로 그는 바야흐로 '반항'을 선택한 것이다. 벌이란 죄에 대해 일정한 고통을 주는 행위이거니와, 벌에서 고통은커녕 행복을 느낀다면 그것은 이미 벌이 아니다. 신들의 입장에서 보자면 정말 기가 막힐 노릇 아닌가? '행복한 시지프'는 자신의 한계 속에서 최선의 삶을 찾아낸 반항아에 다름 아니다.

물론 '행복한 시지프'에 대한 비판도 만만치 않다. (부조리의) 응시가 과연 (부조리의) 해결을 가져오는가? 인식과 응시에도 불구하고 시지프의 바위는 지금도 굴러 떨어지고 있고, 인간의 삶은 지금도 고통 속으로 추락하고 있다. 시지프가 산정에 바위를 올리는 순간 느끼는 행복은 비극적 행복이요, 혼자만의 자위일 뿐이다. 요컨대 순간순간의 자위에도 불구하고 부조리는 엄연한 현실로서 존재하며 우리를 압살하고 있다. 게다가 죽음, 바로 그 죽음이 시지프의 영웅담도 카뮈의 행복론도 모두 없던 일로 만든다. 죽음 앞에서 모든 삶은 실패담으로 끝나게 마련이다. 이를테면 삶이란 방에는 죽음 외에 출구가 없다. 그렇다면…….

　그렇다면 다시 카뮈의 안간힘을 이해할 수 있지 않을까? 삶과 죽음이라는 이 부조리 속에서 간발의 비극적 행복이 아니라면 또 어떤 행복이 가능할까? 카뮈가 다소 서정적으로 기술한 반항의 무용담이 없다면 그 어떤 행복도 불가능한 것 아닐까? 곰곰 생각해 보면 카뮈의 주장이 터무니없는 것이 아니라는 데 인간 삶의 진정한 비극이 있다.

이방인의 탄생 혹은 현대소설의 시작

『이방인』, 전후 최고의 소설

1939년 9월 3일 히틀러의 도발로 제2차세계대전이 시작되었다. 폐결핵을 앓던 카뮈는 참전할 수 없었으나 그렇다고 알제리에 머무를 수도 없었다. 왜냐하면 「알제 레퓌블리캥」지에 쓴 기사들이 알제리 정부의 신경을 건드렸기 때문이다. 파스칼 피아를 비롯한 지기들의 도움으로 「파리 수아르 *Paris Soir*」지 직원으로 일하게 됨으로써 1940년 카뮈는 프랑스로 건너갔다. 이 무렵 카뮈의 가방 속에는 이미 20세기 최고의 문제작 『이방인』의 원고가 들어 있었다.

『이방인』(1942)이 세상에 태어난 지 반세기가 지났고, 이젠

벌써 지난 세기의 소설로 자리매김되고 있다. 무릇 문학을 공부하며 서점에 들른 사람 치고 『이방인』이 꽂힌 서가 앞에 서보지 않은 이가 몇이나 될까? 1957년 마흔네 살의 나이에 받은 노벨문학상, 1960년 마흔일곱 살의 나이에 맞은 돌연한 죽음 등은 카뮈와 『이방인』을 영원한 신화의 반열에 올려놓았다. 도대체 『이방인』 속에는 무엇이 있기에 사람들은 이토록 오랫동안 이 소설에 매료되는 걸까? 우선 『이방인』의 줄거리를 간단히 요약한 후에 『이방인』의 요모조모를 들여다보자.

스토리 요약

소설은 주인공 뫼르소의 아랍인 살해를 중심으로 양분되어 있다. 1부에서 알제의 선박 중개인 사무실 직원인 뫼르소는 마랑고의 양로원에 있던 어머니가 돌아가셨다는 전보를 받고 마랑고로 간다. 장례식 특유의 예법에 무감한 그의 태도에 양로원 사람들이 놀란다. 장례식 이튿날 그는 해변에서 옛 사무실 동료 마리 카르도나(Marie Cardona)를 만나 코미디 영화를 본 후 집으로 와서 동침한다. 평범하고 무심한 일상생활이 계속된다. 어느 날 같은 층에 사는 이웃 레몽(Raymond)과 친구가 되는데, 이 관계가 삶의 일상적 흐름을 끊는 계기가 된다. 뫼르소는 변심한 아랍인 애인을 벌주려는 레몽의 음모에 수동적으로 이끌려 들어간다. 며칠 후 레몽, 뫼르소, 마리 일행이 레몽의 친구 마송(Masson)의 초대로 해변으로 놀러갔을 때 일행을 미행

한 레몽 애인의 오빠 일행과 싸움이 벌어진다. 레몽이 다치고 싸움은 끝났으나 뫼르소는 가슴이 답답해서 혼자 그늘진 샘을 찾아간다. 싸움의 와중에 흥분한 레몽으로부터 빼앗은 권총을 품에 지닌 채……. 샘에는 이미 레몽 애인의 아랍인 오빠가 와서 그늘 속에 누워 있다. 팽팽한 대치 속에서 아랍인이 칼을 꺼냈고, 칼에서 뿜어져 나오는 강렬한 빛에 눈이 먼 뫼르소는 자신도 모르게 방아쇠를 당긴다. 그것도 여러 차례…….

2부는 재판과정을 담고 있다. 뫼르소는 자신이 죄인이라는 것을 실감하지 못하는 듯 호기심 어린 눈으로 재판을 관찰 혹은 구경한다. 예심과 본심에서 그에게 쏟아진 질문은 아랍인 살해 경위가 아니라 어머니 장례 태도에 관한 것이다. 종교적·도덕적 관례를 따르지 않는 뫼르소의 행동 하나하나가 스캔들을 일으킨다. 사실 프랑스인의 아랍인 살해는 식민국 프랑스의 법정에서는 치명적인 범죄가 아닐 수도 있다. 뫼르소가 법정의 질문에 요령 있게 답했다면 뫼르소는 사형선고를 피할 수도 있었으리라. 하지만 그는 법정이 원하는 대답을 하지 않음으로써, 즉 거짓말을 하지 않음으로써 사형을 선고받는다. 감옥에서 사형을 기다리는 동안 뫼르소 역시 인간이기에 지극한 공포를 느꼈지만 마침내 '세계의 다정스런 무관심'에 마음을 열고 자유롭게 죽음을 맞을 준비를 한다.

철학 : 부조리의 우화

『이방인』이 발표된 1942년 파리는 독일 점령 하에 있었다.

칙칙한 안개에 젖은 절망의 파리에 눈부신 지중해의 태양이 지배하는 소설의 등장은 그 자체가 '이방감'을 주기에 충분했다. 그렇지만 이 소설은 주제 면에서 동시대를 적실하게 꿰뚫고 있었다. 좀 전에 부조리란 합리를 추구하는 인간의 의식과 불합리한 세계 사이의 대결로부터 탄생한다고 말한 바 있다. 두 번의 세계대전을 겪은 서구의 젊은이들에게 이 대결이야말로 일상생활 아니었을까? 전쟁은 수많은 질문을 던지게 하지만, 그 어느 질문에도 정답을 주지 않는다. 우리의 영광이 그들의 굴욕이 되고, 우리의 미덕이 그들의 악덕이 된다. 무엇이 옳고 무엇이 그른가? 무엇이 아름답고 무엇이 더러운가? 무엇이 승리이고 무엇이 패배인가? 누가 압제자이고 누가 해방자인가? 인간은 누구이며, 세계는 어디로 가고 있는가?

『이방인』은 부조리의 우화답게 이야기가 온통 애매성에 물들어 있다. 『이방인』에서 통상의 기준으로 서열화할 수 있는 것이란 아무것도 없다. 꽃이 돌보다 더 가치 있는 것도 아니요, 알제 생활이 파리 생활보다 덜 가치 있는 것도 아니다. 더 중요한 것도 덜 중요한 것도 없이 모든 것의 가치는 평준화되어 있다. 뫼르소의 입버릇— '이러나 저러나 상관없어요' 혹은 '그건 중요치 않아요'—도 바로 이런 생각의 산물이다. 어머니의 시신 앞에서 담배를 피울 수도 있고, 안 피울 수도 있다. 레몽과 친구가 되어도 좋고, 안 되어도 좋다. 파리로의 영전은 하등 중요한 일이 아닌데, 왜냐하면 알제 생활도 나쁘지 않기 때문이다. 심지어 마리와 결혼을 해도 좋고 안 해도 좋지만,

그녀가 원한다면 해줄 것이다. 이런 평준화된 가치의 삶에 있어 '태양 때문에' 사람을 죽였다 한들 뭐 그리 대수이겠는가?

『이방인』의 마지막 몇 페이지는 형이상학적 반항의 폭발음 그 자체이다. 여기서는 인물도, 문체도 완전히 달라진다. 자유 간접화법으로 처리된 단문들이 숨 쉴 틈 없이 몰아치는 가운데 뫼르소는 평소의 무관심에서 벗어나 형언할 수 없는 기쁨과 분노 속에 형무소 부속 사제의 멱살을 잡는다. 전자는 후자의 신앙을 여자의 머리카락 한 올만 한 가치도 없는 것으로 비난하며, 삶과 죽음에 대한 자신의 판단을 과거에도 옳았고, 현재에도 옳고, 미래에도 옳을 것으로 확신한다. 요컨대 죽음이라 불리는 한 줄기 어두운 바람이 우리에게 주어진 모든 것을 아무런 차이가 없는 것으로 만드는 것이다. 뫼르소도, 사제도, 소설가도, 독자도 모두 처형일만 다를 뿐 사형수이기는 매한가지이다. 부조리를 정면으로 응시하지 못하는, 즉 반항하지 못하는 사제에 대한 분노는 사형집행일 날 최대한의 증오의 함성에 대한 소망으로 이어진다. 왜냐하면 부조리를 의식하지 못하는 구경꾼들이 뫼르소를 더 증오하면 증오할수록 그의 죽음은 더 부조리한 죽음이 되기 때문이다.

카뮈에 의하면 뫼르소는 부조리라는 진실의 순교자, 즉 '우리들의 분수에 맞는 그리스도'이다.[13] 새로운 그리스도의 약속은 미래가 아니라 현재와 결부된다. 현재에 대한 충실, 산기슭으로 굴러 떨어질 줄 알면서도 바위를 밀어 올리는 저 시지프, 부조리를 받아들이고 현재의 삶을 성실하게 살아가는 저 사람들의 땀방울에만 우리들의 분수에 맞는 행복이 존재하는 것이다. 이것이 하늘의 약속이 아니라 대지의 삶에 충실하고 자 하는 그리스인, 이름하여 지중해인 뫼르소, 지중해인 카뮈 가 우리에게 남긴 유일한 교훈이다. 카뮈의 친구인 사르트르, 『이방인』의 독자인 우리가 동의하든 동의하지 않든 간에 말 이다.

미학 : 현대소설의 탄생

카뮈의 글을 읽은 프랑스인은 누구나 나도 작가가 될 수 있 겠다는 생각을 한다고 한다. 그만큼 카뮈 글쓰기의 외형, 즉 카뮈의 문장은 짧고 쉽다. 특히 『이방인』의 경우 역사적 사실 을 기록하는 단순과거가 아닌 일상적 사실을 표현하는 복합과 거의 사용은 그러한 단순성과 자연성을 더욱 부각시킨다. (단 순과거가 주는 역사적·문어체적 느낌과 복합과거가 주는 일상적· 구어체적 느낌은 프랑스 사람들에게는 육체에 각인되어 있을 정 도로 즉각적이며 즉물적이다. 『이방인』 이전의 소설은 모두 단순 과거가 화자의 주된 시제였다.) 물론 이런 간결함은 능력상의 결함이 아니라 기나긴 수련으로부터 비롯된 것이다. 카뮈의 문장은 19세기 플로베르의 문장과 함께 명문의 대명사로 꼽힌 다. 문체가 무엇인가를 알고 싶다면, 그 숱한 문체론 이론서보 다는 카뮈의 글을 읽는 것이 백배 나을 것이다.

하지만 그렇다고 하여 독자들이 『이방인』이라는 소설 자체를 쉽게 생각하는 것은 아니다. 왜냐하면 수사학적 장식이 극도로 절제되어 있기 때문이다. 롤랑 바르트는 『글쓰기의 영도 *Le Degré zéro de l'écriture*』에서 카뮈의 '중성적 글쓰기'에 대해 이렇게 말했다.

> 카뮈의 『이방인』에 의해 처음 자리잡게 된 그 투명한 말은 어떤 부재의 문체를 완성한다. 그것은 스타일의 이상적인 부재에 가깝다.[14]

연결사와 종속절의 절약은 지극히 짧고 단속적인 문장을 만들며, 그 결과 문장과 문장 사이의 인과관계가 희미해져버린다. 흔히 카뮈의 문장을 일컬어 고독한 섬과도 같다고 하는 것은 이런 맥락에서이다. 게다가 소설 전편에 걸쳐 견지되는 화자(narrateur)의 시선의 외재성은 '부재의 문체'를 완성한다. 블랑쇼(Maurice Blanchot)가 말했듯, 뫼르소는 마치 다른 사람이 그를 보고 그에 대해 말하듯, 자기 자신을 보고 자기 자신에 대해 말한다. 그는 완전히 자신의 바깥에 있다. 사르트르는 이런 문체를 유리 칸막이에 비유해서 설명한다.[15] 독자는 뫼르소의 의식이라는 유리 칸막이 너머로 등장인물들의 모든 행동을 볼 수 있다. 이 투명한 칸막이가 차단시키는 것은 단 한 가지, 동작의 의미이다. 투명 유리창, 즉 뫼르소의 의식은 대상에 대해서는 투명하고, 의미에 대해서는 캄캄하도록 조직되어 있다. 『이방인』이 1인칭 소설임에도 불구하고 주인공의 심리가 대단히 객관적으로 보이는 이유, 『이방인』이 흔히 카메라와도 같은 시선을 견지하는 누보로망(Nouveau Roman)[16]의 뿌리로 간주되는 이유, 『이방인』이 해독하기 힘든 텍스트 혹은 수많은 갈래로 해독할 수 있는 텍스트가 되는 이유가 바로 여기에 있다.

『이방인』에 보이는 주인공의 소멸, 줄거리의 소멸 또한 소설미학을 논할 때 약방의 감초처럼 언급되는 요소이다. 전통소설의 주인공은 대개 이름, 부모, 족보, 직업, 재산, 성격, 용모, 과거 등을 보여주며, 여기에 기반하여 행동이 결정된다. 하지만 『이방인』의 뫼르소에게는 발자크류의 주인공이 가지는 이런 특성 중의 그 어느 하나도 온전히 찾아보기 어렵다. 우리는 뫼르소라는 성 외에 그의 이름을 모른다. 족보, 용모, 과거, 직업, 재산, 성격에 대해서도 아주 희미하게 알 뿐이다. 게다가 『이방인』의 줄거리는 전통소설의 파란곡절과는 판이하게 다르다. 사랑이 있다지만 갈등이 없고, 살인이 있다지만 동기가 없다. 줄거리에도 어김없이 가치의 평준화라는 기준이 작용한다. 요컨대 더 중요할 것도 덜 중요할 것도 없는 에피소드들이 마치 군데군데 끊긴 사슬처럼 단속적으로 이어지고 있는 것이다.

『이방인』이 서구 소설미학의 역사에 기념비적인 한 획을 그었다는 것은 이제 상식이 되어 있다. 중성적 글쓰기, 카메라와도 같은 객관적 시선의 묘사, 주인공 성격의 애매성, 파란곡절이란 찾아볼 수 없는 줄거리, 연결사 사용의 절제 등은 소설의 20세기적 현대성, 바로 그것을 특징짓는다. 흔히 현대소설의 젖줄을 카프카와 더불어 카뮈에게서 찾는 것은 이런 이유에서이다. 한마디로 『이방인』은 형식 면에서도 동시대 문단의 '이방인'이었다.

정신분석학 : 어머니와 바다

『이방인』에 대해서는 정신분석학의 방향에서도 적잖은 관심이 기울어져 왔다. 그 중에는 융(Carl Jung) 식으로 신화적 원형의 관계를 추적하는 것도 있고, 프로이트(Sigmund Freud) 식으로 성적 콤플렉스의 관계를 분석하는 것도 있다. 예를 들면 어머니의 장례식 이튿날 뫼르소가 바다를 찾는다는 사실은 무의식적 원형의 차원에서 자연스러운 귀결이다. 프랑스어에 있어 바다(mer)와 어머니(mère)는 음성학적으로도 동일선상에 있을 뿐만 아니라, 동서양을 막론하고 바다는 인류의 영원한 모성적 자궁으로 여겨지기 때문이다. 브라이언 피치(Brian Fitch)는 카뮈의 세계에 있어 바다와 어머니의 상동관계와 동시에 태양과 아버지의 상동관계를 확인한다.

> 태양은 아버지의 온갖 속성을 갖고 있다 : 태양은 바다와 대지와 결혼한다, 태양은 진리의 이미지이다, 태양은 짓부수며 파괴한다.[17)]

이런 상동관계는 정신분석학자에게는 즉각 오이디푸스 콤플렉스를 상기시킨다. 어머니(바다)에 대한 사랑, 아버지(태양)의 억압, 아들(뫼르소)의 반항 등이 고스란히 『이방인』의 주요 테마를 이루고 있다. 『이방인』은 어떤 면에서 뫼르소의 의식과 태양의 대결 이야기이다. 견딜 수 없는 태양 때문에 뫼르소의 의식이 무화되었을 때, 달리 말해 무의식이 그를 지배하게 되었을 때 방아쇠가 논다. 그의 총구는 아랍인을 향해 있지만, 그의 무의식은 태양을 향해 있다. 그가 죽이고자 하는 것은 인간이 아니라 바로 태양인 것이다. 뫼르소가 총성으로써 떨쳐버린 것은 아랍인이 아니라 '땀과 태양'이며, 깨뜨린 것은 '한낮의 균형', 즉 태양과 바다의 행복한 결혼이다.

　프로이트에 따르면 유아는 스스로를 어머니가 욕망하는 남근으로 여긴다. 그러나 유아는 이내 곧 어머니의 욕망의 대상이 아버지임을 알아차린다. 즉, 아버지야말로 자신에게서 어머니를 빼앗아 간 남근 그 자체인 것이다. 이로부터 라이벌로서의 아버지에 대한 유아의 증오가 시작된다. 그리고 어머니에 대해서는 사랑과 배신감이 교차하게 된다. 뫼르소의 살인에서 부친살해와 모친살해의 중첩을 본다면 심한 비약일까? 아버지로서의 태양의 살해와 어머니로서의 아랍인 - 이 아랍인은 레몽을 배신한 여자의 오빠로서 배신자의 상징이다 - 의 살해 말이다. 굳이 거기까지 비약하지 않더라도 말없이 아들을 눈으로만 좇으며 시간을 보내던 어머니를 양로원에 넣은 것은 뫼르소의 무의식에 죄의식을 남겼을 가능성이 충분히 있다. 어쩌면 뫼르소가 어머니의 죽음을 다른 사람들과 같은 방식으로 애도할 수 없는 것은 어머니를 죽인 것은 바로 자기라는 죄의식 때문이 아닐까? 어쩌면 뫼르소가 상고도 하지 않고 사형을 받아들인 것은 이 모친살해의 죄의식을 해소시키기 위해서가 아닐까?

뫼르소의 행동에 대한 정신분석학적 해석은 기이하게도 작가가 허위로 간주하는 검사, 판사, 변호사 등 법조인들의 의견과 맥락을 같이한다. 법조인들에 따르면 뫼르소는 최소한 상징적 모친살해, 나아가 부친살해의 범죄자이다. 이런 사실은 정신분석학적 해석이 때로는 작가의 의도와 작품의 의도에 완전히 배치되는 결론에 이를 수 있다는 것을 잘 보여준다. 물론 정신분석학적 비평에는 등장인물이 실제 인간과 같은 복잡성을 향유할 수도 분석자에게 유효한 여건들을 맘껏 얘기해 줄 수도 없다는 한계가 있지만, 어쨌든 그때까지 알려지지 않았던 뜻밖의 양상과 관계를 알려준다는 점에서 이 비평의 유효성은 아무리 강조해도 지나치지 않으리라.

사회학 : 재판의 재판

『이방인』을 통해 카뮈는 어떤 면에서 '재판에 대한 재판'을 시도하고 있다. 무엇이 문제인가? 결론부터 말하자면『이방인』의 법정은 뫼르소가 살인을 했기에 범죄자가 되는 것이 아니라 범죄자이기에 살인을 하게 되었다는 턱없는 논리를 전개하고 있다. (그렇다면 뫼르소는 살인을 하지 않았더라도 형벌을 받아야 하리라.) 법률상의 범죄는 아랍인 살해이지만, 법정에서 시종 문제가 되는 것은 평소의 도덕성이다.

재판의 쟁점을 정리해 보자. 뫼르소는 왜 어머니를 양로원에 보냈는가? 왜 어머니의 시신을 보고 싶어 하지 않았는가? 왜 어머니의 시신 앞에서 커피를 마시고, 담배를 피우고, 잠을 잤는가? 왜 장례식 다음 날 해수욕을 갔으며, 거기서 만난 여자와 코미디 영화를 보고 섹스를 즐겼는가? 왜 레몽 같은 패륜아를 친구로 사귀고, 추잡스런 정사 사건의 증인 역할을 수락하였는가?……

이 같은 평소의 비도덕성은 그의 살인을 고의적·계획적 살인으로 만든다. "그것은 태양 때문이었다"는 뫼르소의 진술은 비웃음을 살 뿐이다.[18] 그날 살해 현장에서의 문제는 단도를 뽑는 아랍인과의 인간적 대결이 아니라 끓는 금속의 바다 위로 불비를 쏟아 붓는 저 태양과의 우주적 대결이었는데도 말이다. 검사의 논고에 따르면 이 사건은 고의성이 전제된 계획적 살인인데, 첫 번째 발사와 두 번째 발사 사이의 시간적 간격이 그 결정적인 증거이다. 게다가 체포된 뫼르소에게서 단한 번도 뉘우치는 기색을 발견할 수 없었다는 사실은 이 범죄의 악질성을 움직일 수 없는 것으로 만든다.

결국 『이방인』을 정독할 때, 뫼르소가 사형을 당하는 진정한 이유는 살인이 아니라 기성질서와 고정관념의 위배에 있는 것으로 보인다. "도대체 피고는 어머니를 매장했기 때문에 기소된 겁니까, 살인을 했기 때문에 기소된 겁니까?"라는 변호사의 외침에 검사는 "범죄자의 마음으로 자기의 어머니를 매장했기 때문에 나는 이 사람의 유죄를 주장하는 바입니다"[19]라고 득의만만하게 대답한다. 이런 판결기준은 판사, 검사, 변호사, 배심원, 방청객, 기자 등 법정 일반에 의해 당연한 것으로 받아들여진다.

카뮈는 『이방인』을 이렇게 해설한 바 있다. "우리 사회에서 자기 어머니의 장례식에서 울지 않은 사람은 누구나 사형선고를 받을 위험이 있다."[20] 결국 그는 사회가 요구하는 일종의 유희에 참가하기를 거부했기 때문에 사형당했다는 것이다. 어떤 유희? 거짓말하는 유희. 카뮈에게 있어 거짓말이란 '있지 않은 것을 말하는 것'만이 아니라 '있는 것 이상을 말하는 것, 느끼는 것 이상을 말하는 것'이다. 카뮈가 뫼르소를 우리의 분수에 맞는 단 하나의 그리스도라고 일컫는다면, 그것은 뫼르소가 구원의 사도이기 때문이 아니라 진실의 수호자이기 때문일 것이다. 뫼르소가 이방인으로, 급기야 사형수로 단죄받은 진정한 이유는 바로 감정의 은폐 없이 삶의 진실만을 말했다는 데 있다.

만일 『이방인』의 법정의 잣대로 재자면 『이방인』의 등장인물들 중 윤리적 범죄로부터 자유로운 이가 누구일까? 그리고 그 점에 있어서는 살인을 저지르지 않았기에 안전하게 방에 앉아 『이방인』의 이방감을 즐기고 있는 우리의 처지 또한 그들과 조금도 다를 바 없다. 어느 날 우리 역시 삶의 부조리를 인식하는 순간, 그리고 그 진실을 끝까지 밀고 가는 순간 『이방인』의 법정에 서지 말란 법이 어디 있을까? 애초에 탄생이란 것이 우연이고 보면, 또 다른 우연이 우리를 사형으로 몰고 간다 한들 뭐 그리 놀라운 게 있을까? 마치 여름 하늘 속에 그려진 낯익은 길들이 뫼르소를 평온한 수면으로 인도할 수도 있고, 캄캄한 감옥으로 인도할 수도 있는 것처럼······.21)

『이방인』: 침묵의 여행

　『이방인』을 다 읽고 이해가 잘 간다고 말하는 독자는 거짓말쟁이거나 좀 모자라는 사람일 것이다. 『이방인』은 이해해 달라는 책이 아니라 의심해 달라는 책이다. 늘 익숙하던 세계가 돌연 나의 고향, 나의 왕국이 아니라는 느낌, 이 느낌을 획득하는 자가 바로 카뮈가 원하는 '부조리 인간', 즉 '부조리를 의식하는 인간'이다. 삶과 죽음, 존재와 무에 질문을 던지는 자는 필연적으로 세계의 이방인이 되게 마련이다. 그러니 독자들이여, 걱정하지 말라. 『이방인』을 읽고서 고개를 갸우뚱하게 되는 것은 오히려 『이방인』을 정독했다는 뜻일지니······.

　카뮈는 1952년에 재간행된 『안과 겉』의 서문에서 작품이란 작가가 처음으로 가슴을 열었던 두세 개의 단순하면서도 심원한 이미지를 예술이라는 우회로를 통해 되찾는 기나긴 도정일 뿐이라고 말했다.22) 『이방인』을 통해 그가 되찾은 이미지는 무엇일까? 아마도 태양, 어머니, 침묵······. 『이방인』은 작품을 불꽃에 비유하는 블랑쇼의 문학관에 걸맞은 작품이다. 불꽃이란 그 생명력으로 죽어가는 동안만 살아 있다. 말하자면 불꽃의 삶의 과정은 불꽃의 죽음의 과정에 정확히 일치한다. 그렇다면 『이방인』의 서술의 과정은 『이방인』의 침묵의 과정 아닐까? 『이방인』을 읽은 독자가 그 다음 해야 할 일은 무엇일까? 거기에 대해 말하는 걸까? 거기에 대해 침묵하는 걸까? 이 글에서 우리는 너무 많은 말을 한 건 아닐까? 그리고 지금은 바로 그 순간이 아닐까? 책을 덮고, 우리가 처음으로 가슴을 열었던 단순하면서도 심원한 두세 개의 이미지를 찾아 침묵의 여행을 떠나야 하는 그 순간 말이다.

레지스탕스와 신문기자 카뮈

「콩바」의 카뮈

1939년 9월 카뮈가 오랫동안 계획했던 그리스 여행을 떠나려던 순간 제2차세계대전이 발발했다. 카뮈는 입대를 자원했지만, 폐결핵 때문에 거부되었다. 시민으로서 카뮈는 전쟁을 혐오했다. 앞서 말한 대로 1940년 3월 카뮈는 파스칼 피아 덕분에 「파리 수아르」지의 편집 비서 자리를 얻어 파리로 떠났다. (파스칼 피아는 제2차세계대전을 전후한 시기에 카뮈에게 일종의 은인이었다.) 파리에서 카뮈는 무명의 대중에 불과했다.

1940년 5월 독일군이 파리를 점령한 후 이내 곧 프랑스의 2/3가 독일군의 수중에 떨어졌다. 비점령지 비시(Vichy)에 페탱(Philippe Pétain)을 수반으로 하는 독일 괴뢰 정부가 들어서자 북부 프랑스인들이 대거 남부 프랑스로 이주하기 시작했다. 카뮈도 신문사를 따라 클레르몽페랑으로 거점을 옮겼다. 다른 한편 자존심 강한 프랑스인들은 독일군의 점령에 저항하기 위해 소위 '레지스탕스(Résistance)'[23]를 조직했다. 1941년 12월, 레지스탕스 작가 가브리엘 페리(Gabriel Péri)의 처형은 카뮈의 분노를 극에 달하게 했다. 카뮈는 처음에는 리용에서, 다음에는 파리에서 레지스탕스에 가담했다. 당시 레지스탕스 신문 「콩바 *Combat*」[24]의 편집장이던 파스칼 피아는 카뮈를 신문 편집에 합류시켰다. 「콩바」의 영향력은 점차 신장되어 초기 4만 부에서 독일 점령 말기에는 30만 부로 증가했다. 후일 카뮈는 이 시기 자신의 행동을 비전투적인 것으로, 환언하면 대수롭지 않은 것으로 겸손하게 규정했다.

1945년 사르트르는 프랑스 작가를 바타이유(Georges Bataille), 아누이(Jean Anouilh) 등 전쟁 이전 세대와 레리스(Michel Leiris), 카뮈 등 전쟁 세대로 나누면서 후자를 참여(engagement) 작가의 원형으로 간주한 바 있다. 참여 작가란 물론 동시대 문제에 대해 활발히 의견을 개진하고 행동하는 작가를 가리킨다. 동시대의 문제에 개입한다는 것, 카뮈에게 그것은 레지스탕스 조직에서 비밀리에 발행하던 「콩바」에 글을 쓴다는 것을 의미했다.

카뮈의 「콩바」

1944년 8월 파리 해방 이후에도 카뮈는 「콩바」에 계속해서 자신의 생각을 피력했다. 전후 가장 중요한 프랑스 신문의 하나였던 「콩바」의 부제는 '레지스탕스에서 혁명까지'였다. 「콩바」에는 장 폴 사르트르, 시몬 드 보부아르, 앙드레 지드, 조르주 베르나노스(Georges Bernanos), 미셸 레리스, 장 폴랑(Jean Paulhan) 등 실력파 지식인들이 대거 참여했는데, 해방 직후 편집장이 바로 카뮈였다. 「콩바」 기자로서의 카뮈의 활동은 프랑스 지성사에서 중요한 위치를 점한다. 왜냐하면 공산주의 사상이 풍미한 그 시대에 어울리지 않게, 그는 다시 한번 일관되게 지중해인으로서의 중용을 역설했기 때문이다. 대독협력자의 처단이 초미의 관심사였던 그 시대에 카뮈가 제기한 정치적 모럴의 문제는 다소 시대착오적으로 보였던 것이 사실이다.

카뮈는 사설에서 전쟁이 혁명을 낳을 것을 예고하고, 폭력 그 자체를 위한 폭력을 거부했다. 대독협력자 처리 문제에서도 그는 집단적 보복행위에 대한 반대를 분명히 했다.[25] 사형폐지론자 카뮈에게 처형이란 살인에 대한 단순한 산술적 되갚음일 뿐이었다. 더욱이 그가 보기에 그런 유의 보복행위에는 대개 정치적 조작이 숨어 있었다. 미소 냉전체제에 대한 카뮈의 입장 역시 동시대의 진보적 흐름을 거스르고 있었는데, 한편으로 부르주아의 이해관계를 반영하는 반공노선을 거부하면서도 다른 한편으로 효율성의 왕국이 된 공산노선을 비판했다. 매사에 있어 '카뮈의 「콩바」'는 절도와 중용을 지키려 노력했거니와, 이런 '경계인'의 노선이 동시대 절대다수 좌파 지성들의 가슴을 몹시 답답하게 했다. 특히 지속적인 후원자였던 파스칼 피아마저 카뮈의 도덕주의적 입장을 달가워하지 않았고, 그 때문에 둘 사이는 점점 멀어져 갔다. 탁월한 카뮈 연구자 모르방 르베스크(Morvan Lebesque)가 전하는 전후 프랑스 지식인 사회의 분위기는 대체로 아래와 같이 요약된다.[26]

전쟁이 끝나자 실존주의가 파리를 휩쓸었고, 사르트르는 이내 곧 젊은이들의 신이 되었다. 하지만 열광과 이해 사이에는 엄청난 거리가 있었다. 대중은 '실존주의'가 새로운 철학인지 또는 머리를 깎지 않고 지내는 새로운 생활방식인지 구별하지 못했다. (미셸 푸코의『말과 사물』이 나왔을 때도 대중은 그 '베스트셀러'를 얼른 구입해서 피서지의 비치 침대에서 선탠을 하며 읽었다.) 그 자신 종종 실존주의 작가로 분류되면서도 카뮈는 실존주의에 대한 반대를 공공연히 표명했다. 카페 플로르(Flore) — 전후 사르트르 진영이 단골로 드나들던 카페로서 지금은 관광명소가 되어 있다 — 에서는 당연히 그를 '조립식 양심'이니, '양심을 이빨로 깨물고 다니는 인간'이니 하고 빈정거렸다. 실존주의 진영으로부터도 소외당했고 알제 출신 문인들의 모임인 '알제문학파'에 속하기에는 너무 큰 인물이었기에, 카뮈는 대개 혼자였다.

한편 기독교와 마르크스주의의 시각에서 보자면 카뮈도 사르트르도 한통속이었다. 두 진영은 '개인'의 불안과 고뇌를 탐구하는 실존주의 철학이 인류에게 책임회피의 알리바이를 제공한다고 비난했다. '카프카를 불태워야 할 것인가' 하고 기독교계의 「악시옹 *Action*」지가 물었을 때, 카프카를 불태워야 한다는 대답이 비 오듯 쏟아졌다. 예수와 마르크스 중에서 선택하기만 하면 되는 세계에서 어떻게 아직도 불안과 고뇌가 있을 수 있단 말인가? 이런 간단한 선택을 거부하는 비관론적 작가들은 지적·도덕적 무질서를 조장하는 자들이다. 공산당 기관지인 「위마니테 *Humanité*」는 카프카를 부패를 조장하는 작가, 니체를 쾌락주의자, 하이데거를 허풍선이로 단정했다. 그들은 '자신도 절망했고, 남도 절망시키는' 지식인으로서 상징적 처형을 당했다. 마르크스주의자들의 눈에 실존주의는 인류의 문제가 아니라 개인의 문제, 그것도 개인의 비관론적 측면만을 다루는 한가한 부르주아의 이데올로기였다.

모르방 르베스크는 카뮈가 책임편집을 맡았을 때 「콩바」가 어떤 신문이었는지를 이렇게 표현한다. "이것만은 확실하다. 입장, 문체, 정보의 가치, 독자에 대한 존경심에 있어 그 당시 「콩바」에 견줄 만한 신문은 거의 없었다."[27] 신문의 강력한 영향력을 인식한 모럴리스트 카뮈는 언제나 신문기자들의 책임을 강조했다. 게다가 신문 제작이 요구하는 팀워크는 카뮈에게 익숙한 것이었다. 그는 동료들을 사랑했고, 동료들 또한 그를 사랑했다. 신문기자 생활에 무한한 자부심을 갖고 있었던 카뮈는 「콩바」가 독자에게 '아첨'하는 신문이 아니라 독자를 '계몽'하는 신문이 되기를 원했었다. 하지만 「콩바」는 점점 정신으로부터 멀어지고 점점 물질에 가까워져 갔다. 카뮈에게 신문기자란 무엇보다 진실에 충실한 '그날그날의 역사가'여야 했다. 1947년 카뮈는 「콩바」를 떠났다. 그리고 카뮈

없는 「콩바」는 더 이상 「콩바」가 아니었다. 역사의 한 페이지 가 넘어갔고, 신문기자 카뮈의 인생의 한 페이지도 넘어갔다.

문학, 연극, 사랑

문학

앞서 말했듯 카뮈의 작품 세계는 부조리, 반항, 사랑이라는 세 개의 핵심 주제를 중심으로 구성되어 있고, 각각의 주제는 에세이, 소설, 희곡으로 형상화되어 있다. 그의 문학작품을 간략하게나마 한 편 한 편 개관해 보자.

이 책에서 구체적으로 설명되고 있는 『시지프 신화』와 『반항인』 외에 잘 알려진 에세이로는 『안과 겉』『결혼』『여름 L'Eté』이 있다. 1937년 스물네 살 때 발표한 처녀작 『안과 겉』에 대해 카뮈는 오랫동안 재판 간행을 사양했을 정도로 무엇인가 탐탁치 않게 여겼다. 하지만 그는 종종 자기 작품과 사유의 밑바탕이 『안과 겉』에 있음을 고백하곤 했다. 아무튼 청년 카뮈를 형성한 가난과 빛의 원형을 보기 위해서는 『안과 겉』을 펼쳐보아야 할 것이다. 1939년 발표한 『결혼』은 인간과 자연의 결합을 축복하는 축제의 노래이다. 요는 니체가 말한 대지에의 변함없는 충실성이다. 「티파사의 결혼」에 나오는 옛 로마 유적지 티파사, 그 티파사는 『결혼』을 통해 인간과 자연이 이루는 혼연일체의 상징적 수도로 거듭 태어났다. 1954년 발표한 『여름』은 1939년에서 1953년까지 쓴 글들을 모은 것인데, 이 글들은 어떤 결정적 공통성을 보여주지는 않는다. 『여름』은 『반항인』 논쟁을 끝낸 직후 카뮈가 바다와 태양, 즉 자신의 원천으로 되돌아가는 일종의 순례여행의 의미를 지닌다. 카뮈의 문학세계에서 에세이들은 무엇보다 소설과 희곡을 길어내는 샘이자 그 해설서로서 기능하고 있다.

　카뮈는 에세이스트요, 철학자요, 기자요, 연출가요, 심지어 배우였다. 그러나 독자에게 친숙한 카뮈는 뭐니 뭐니 해도 『이방인』의 작가, 즉 소설가로서의 카뮈일 것이다. 『이방인』과 『페스트』가 빠진 카뮈의 작품세계를 상상할 수 있을까? 『이방인』에 대해서는 이미 상론했으므로 『페스트』(1947) 『전락』(1956) 『적지와 왕국』(1957)을 살펴보자.

　『페스트』의 스토리는 간단하다. 알제리 항구도시 오랑 (Oran)에 쥐가 페스트를 몰고 온다. 정부 당국은 오랑을 페스트 재해지구로 선포하고 도시를 봉쇄한다. 세계로부터 단절된 채 질병이 확산되고 있는 이 닫힌 공간의 내부에서 인간과 죽음의 투쟁이 벌어진다. 한 어린아이의 죽음이 공포와 불의의 절정을 이루는데, 왜냐하면 이 사람들은 죄 없는 인간의 고통을 그토록 오랜 시간 정면에서 바라본 적이 없었기 때문이다. 의사 리외(Rieux)는 직업적 사명에 최선을 다하기 위해 페스트에 맞서 싸우며, 인간에게는 경멸할 것보다 찬미할 것이 더 많다는 사실을 말하기 위해서 이 투쟁을 기록으로 남긴다. 어디서 왔는지, 왜 왔는지 아무도 모르는 신비의 인물 타루(Tarrou)는 오래전부터 좋은 이유로든 나쁜 이유로든 살인하거나 살인을 정당화하는 모든 것을 거부하기로 결심했기에 페스트와 투쟁한다. 우연히 오랑에 체류하게 된 젊은 신문기자 랑베르(Rambert)는 도시를 떠나기 위해 온갖 수단을 강구하지만 결국 혼자만의 행복을 수치로 여기며 투쟁에 가담한다. 어느 날 이유 없이 페스트가 왔듯, 어느 날 이유 없이 페스트가 사라진다. 인간의 삶은 다시 활기를 찾는다.

의사 리외가 이 투쟁에서 얻은 교훈은 간단하다. 인간은 페스트와 우정과 사랑이 무엇인지를 알아야 하고, 또 그것들을 기억해야 한다. 인간이 이 인식과 기억을 상실하는 날, 페스트가 쥐들의 잠을 깨워 다시 행복한 인간의 도시로 보낼 것이다. 『페스트』는 전체주의에 대한 집단적 저항을 매우 성실하게, 매우 도덕적으로 이야기하는 작품으로 알려져 있다. 물론 도덕적 수단에 의한 겸손한 저항이 실제로 얼마나 큰 효과를 나타낼지는 미지수이지만 말이다. 아무튼 『페스트』는 다시 한번 카뮈가 시대의 모럴리스트임을 확인해 주었다.

『전락』은 원래 단편소설집 『적지와 왕국』에 넣을 예정이었지만, 분량이 많아져 단행본으로 발표한 소설이다. 주인공 장 바티스트 클라망스(Jean-Baptiste Clamence)는 파리의 성공한 변호사이다. 그는 어느 날 밤 센 강에 몸을 던지는 여자를 목격하지만, 소극적 시민들이 으레 그렇듯 잘못 본 것으로 여기며 적극적인 구명의 노력을 하지 않는다. 그가 스스로를 범죄자로 느끼고 자책하는 것은 바로 이 순간부터이다. 그렇지만 다시 죄 없는 자가 되기 위해서는 자책하는 것만으로는 충분치 않다. 그가 암스테르담의 한 카페로 도피해서 매일 저녁 손님을 붙들고 같은 고백을 되풀이하는 것은 이런 이유에서이다. 클라망스의 목적은 듣는 이 역시 스스로를 범죄자로 느끼도록 만드는 데 있다. 그의 고백은 하나의 거울로서, 상대방은 그 고백을 듣는 동안 죄 있는 자로서의 자신의 모습을 보게 되는 것이다. 어떻게 이 세상에 죄 없는 자가 있을 수 있단 말인가? 그렇다면 죄 없는 자가 아무도 없는 이 세상에서 누가 나를 죄인이라고 비난할 수 있단 말인가?

『전락』은 내용 못지않게 형식이 독자와 비평가의 시선을 사로잡았다. 전편이 독백에 가까운 대화체로 구성되어 있는 이 특이한 소설에 대해 카뮈는 이렇게 말했다. "저는 『전락』에서 어떤 비극적인 배우를 묘사하기 위해 연극에서 사용하는 기법(모놀로그와 암시적 대화)을 사용했습니다. 저는 그저 형식을 내용에 맞도록 적용시켰을 뿐입니다."[28] 이 말이 늘 독특한 형식의 소설을 쓴 카뮈의 말이고 보면 다소 놀랍게 들린다.

어쨌거나 형식실험에 몰두하는 누보로망을 못마땅한 시선으로 바라본 카뮈가 형식주의자가 아니었던 것만은 분명한 듯하다. 그에게 중요한 것은 언제나 내용이었고, 형식은 그 이후의 일이었다.

『적지와 왕국』은 『반항인』 이후 글쓰기를 시도하지 못하고 있던 카뮈가 그간의 공백을 채우고 작업의 리듬을 되찾기 위해 썼다고 알려진 단편소설들의 모음집이다. 단편소설집의 제목이 대표 단편소설의 제목이 아니라 '적지와 왕국'이라는 별개의 제목으로 되어 있다는 사실은 그 단편소설들이 이런저런 편의에 따라 묶인 것이 아니라 어떤 수미일관된 원리에 따라 묶인 것이라는 사실을 의미한다. 다시 한번 '행복한 시지프'를 상기하자. 이 세상은 근본적으로 적지이며 유배지이다. 그리하여 「간부 姦婦」「배교자」「벙어리들」「손님」「요나」「자라나는 돌」 등 『적지와 왕국』을 구성하는 여섯 단편의 공간은 하나같이 사막 혹은 사막의 이형(異形)으로 드러난다. 예컨대 「간부」「배교자」「손님」은 실제 사막이 그 배경이다. 그리고 「벙어리들」의 쓸쓸한 통공장은 도회의 사막으로, 「요나」의 어두운 횟대는 실내의 사막으로, 「자라나는 돌」의 브라질 삼림은 문명의 사막으로 해석할 수 있다. 이 사막은 물론 주인공들의 '유배지'이다. 하지만 시지프는 유배지에서 순간의 왕국을 찾은 바 있다. 여섯 단편의 주인공들 역시 쓸쓸하고 씁쓸한 왕국일망정 모두 자기의 '왕국'을 꿈꾸고 있다.

『적지와 왕국』의 마지막 단편소설 「자라나는 돌」에는 부조리와 반항에 이은 세 번째 주제, 즉 (인류와 자연에 대한) 사랑이 발아의 상태로 그려져 있다. 이 주제는 뒤이은 『최초의 인간』을 통해 완성되어야 했지만, 불행히도 작가의 죽음이 그것을 무산시켰다. 문맹의 어머니에게 헌정한 『최초의 인간』이 가난과 질곡의 가족사를 다루고 있었던 탓에 카뮈의 가족들은 오랫동안 이 미완성 소설의 출판을 거부했었다. 그렇지만 카뮈가 사망한 지 서른네 해가 지난 1994년 마침내 딸 카트린이 출판을 허락했고, 이 『최초의 인간』의 출판과 더불어 카뮈의 소설세계라는 퍼즐의 최후의 조각이 맞추어졌다.

연극

카뮈가 소설가로서 유명한 것은 사실이지만, 실은 소설보다 희곡을 더 많이 쓰거나 각색했고, 소설가의 고독한 작업보다는 연극인의 집단적 작업을 더 좋아했다. 그는 배우이며, 연출가이며, 극작가였다. 젊은 시절 알제에서 창단한 극단 '레키프'의 배우로서 그는 무엇보다 도스토예프스키의 『카라마조프가의 형제들』 중 이반 카라마조프 역할을 하기를 좋아했다. 후일 그는 자신이 배우가 될 수도 있었고, 또 배우로서의 삶도 괜찮았으리라고 회고한다. 연출가로서 카뮈는 배우의 내면에서 등장인물을 찾아내고자 애썼다. 그는 유심히 들었고, 유심히 보았고, 대사가 진행되는 동안에는 개입하지 않았다. 환언하면 그는 배우에게서 등장인물이 나올 때까지 기다렸다. 카뮈에 의하면 등장인물은 텍스트가 아니라 텍스트의 여백에 산다. 배우의 창의성이 발휘되어야 하는 공간은 바로 이 텍스트의 여백이다. 아무튼 그 시절 카뮈는 동료들이 보기에 연극에 대한 열정으로 충만한 청년이었다.

극작가로서 카뮈는 「칼리굴라」(1944) 「오해」(1944) 「계엄령」(1948) 「정의의 사람들」(1950)을 썼다. 로마 황제 칼리굴라는 사랑하던 누이가 죽자 한 가지 진리를 깨닫는다. 인간은 죽으며, 인간은 행복하지 않다. 그런데 주변의 모든 사람들은 이 본질적 진리, 즉 삶의 부조리를 모르는 척하며 살고 있다. 모든 수단을 장악하고 있는 황제로서 칼리굴라는 바야흐로 부조리를 '교육'하고자 결심한다. 그는 이유 없이 강간하고, 이유 없이 살인함으로써, 이유 없는 인간 삶의 불행을 가르친다. 폭정은 이를테면 부조리 교육의 수단이다. 카뮈에 의하면 칼리굴라의 진실은 신을 부정한 것이고, 칼리굴라의 오류는 인간을 부정한 것이다. 당대의 관객을 사로잡은 칼리굴라의 광기는 오늘날의 연극인들에게도 매력적으로 보이는지 한국에서조차 「칼리굴라」의 상연 포스터를 목격하는 일은 그리 어렵지 않다.

「오해」는 「칼리굴라」와 마찬가지로 부조리 계열의 극작품이다. 「오해」에도 살인의 열정이 있지만, 「칼리굴라」처럼 폭발적이지는 않다. 마르타(Martha)와 어머니는 보헤미아 지방에서 여관을 운영한다. 투숙객이 잠든 사이 그들은 투숙객을 살해하고 소지품을 훔치곤 한다. 어느 날 저녁 미지의 인물이 도착한다. 이 미지의 인물은 실은 이십 년 전 돈을 벌기 위해 떠났다가 성공해서 돌아온 아들이요 동생인 얀(Jan)이다. 얀은 장난 삼아 자신의 신원을 밝히지 않는다. 돈이 많아 보인 그는 당연히 그날 밤 살해당한다. 이튿날 얀의 아내를 통해 진실을 알게 된 어머니는 호수에 몸을 던지고, 마르타는 목을 맨다. 하지만 '오해'라는 제목은 내용에 비추어 그리 올바른 것 같지는 않다. 마르타와 어머니가 얀을 살해한 가장 근본적인 이유는 오해라기보다는 탐욕이 아닐까? 「오해」에 대한 관객의 반응은 몹시 차가운 것이었다.

제2차세계대전 동안에는 가해자와 희생자, 유죄와 무죄가 분명했지만, 전후 소련의 스탈린 체제 하에서는 그것이 불분명했다. 역사의 변증법, 구체적으로는 스탈린 체제의 변증법에 맞서는 자는 누구나 유죄였다. 1948년 전체주의에 대한 비난으로 쓴 「계엄령」의 상연이 대실패로 끝나자 카뮈는 1949년 「정의의 사람들」을 통해 다시 한번 유사한 문제를 제기한다. 결과는 카뮈가 연극으로 거둔 가장 큰 성공이었다.

목적이 수단을 정당화할 수 있는가? 말을 바꾸면 (미래의) 정의가 (현재의) 폭력을 정당화할 수 있는가? 사르트르의 「더러운 손 *Les Mains sales*」(1948)과 카뮈의 「정의의 사람들」은 모두 이런 질문에 답하려는 노력의 산물이다. 「더러운 손」의 외드레르(Hoederer)는 '허위를 없애기 위해서는 허위에 의존할 필요가 있기' 때문에 팔꿈치까지 피 속에 빠진 '더러운 손'이 불가피하다고 말한다.[29] 반면 「더러운 손」에 대한 반론으로 씌어진 「정의의 사람들」의 칼리아예프(Kaliayev)는 '정의와 순수무죄성'의 삶을 목표로 하기 때문에 "죽은 정의를 위해 살아 있는 불의를 늘리지는 않으리라"고 선언한다.[30] 죽은 정의란 물론 미래의 낙원을 가리키며, 살아 있는 불의란 현재의 폭력을 가리킨다.

폭정의 원흉 세르주(Serge) 대공을 암살하려던 칼리아예프는 대공의 두 어린 조카가 마차에 동승해 있음을 알고 갈등 끝에 테러를 포기한다. 동지들 사이에 격렬한 토론이 벌어진다. 동지 스테판(Stepan)은 대공의 어린 조카 때문에 대공을 암살하지 못하고 있는 사이 훨씬 더 많은 러시아 민중의 조카들이 죽어가고 있지 않느냐고 비판한다. 2차 테러에 성공한 칼리아예프는 사면을 거절하고 기꺼운 마음으로 사형대에 오른다. 왜냐하면 살인행위로부터 발생하는 무죄성의 균열을 자신의 죽음으로 메워야 한다고 확신하기 때문이다. 그런데 이런 방법론이라면, 칼리아예프는 차라리 애초부터 테러리스트가 아니라 비폭력·무저항의 간디가 되었어야 더 옳은 일 아닐까? 어쩌면 이런 방법론으로는 '폭군'만 없앴지 '폭정'은 없애지 못하는 결과에 이를 가능성이 커 보인다.

카뮈는 대체로 지식인을 멀리했고, 무엇보다 비평가들을 불신했다. 반면 그는 동지애가 강한 연극인들을 가까이했다. 연극은 그로 하여금 고독을 피하게 해주는 우정의 모험이었다. 왜 연극을 하느냐고 물으면, 그는 무대가 행복을 느끼는 몇 안 되는 공간이기 때문이라고 답하곤 했다.

사랑

예술과 사랑은 정녕 분리될 수 없는 것일까? 흔히 우스갯소리로 위대한 예술의 뒤에는 위대한 연인이 있고, 위대한 철학의 뒤에는 위대한 악처가 있다고 말한다. 서른 살의 나이에 이미 프랑스의 대표 소설가가 된 카뮈, 구성원 간의 각별한 유대를 요구하는 연극계의 미남 극작가, 배우, 연출가로서의 카뮈…… 여자들은 카뮈를 좋아하고 사랑했다. 많은 여자들 가운데 카뮈의 인생에 지울 수 없는 흔적을 남긴 여자는 시몬 이에, 프랑신 포르(Francine Faure), 마리아 카사레스(Maria Casarès)였다.

알제 대학에서 만난 시몬 이에는 카뮈의 첫 연인이었다. 얼굴이 예쁘고 몸매가 뛰어난 시몬은 매우 도발적이었으며, 도발적인 만큼 남학생들의 시선을 한 몸에 모았다. 게다가 그녀는 자유분방한 행동으로 여러 가지 스캔들을 낳았다. 안과 여의사였던 시몬의 어머니는 시몬이 생리통에 시달릴 때 모르핀 주사를 놓아준 적이 있었는데, 이때 낙원을 경험한 그녀는 이후 모르핀 중독자가 되었다. 늘 가난 속에서 살아온 카뮈에게 부유하고 아름다운 시몬이 어떻게 비쳤을까? 카뮈는 스물한 살에 스무 살의 시몬과 결혼했다. 결혼 선물로 뭐가 좋겠느냐는 어머니의 물음에 카뮈는 이렇게 대답했다. "흰 양말 한 다스요."31) 카뮈는 시몬으로 하여금 마약을 끊고 정상적인 생활을 하게 하기 위해 최선을 다했다.

1936년, 카뮈는 처음으로 고향과 모국어로부터 절연된 채 오스트리아, 체코, 독일 등 중부 유럽을 여행했다. 시몬과 함께 한 이 여행에서 카뮈는 그녀가 그를 배신했다는 사실을 발견했다. 시몬 앞으로 온 편지를 카뮈가 먼저 뜯어보았는데, 알제에서 시몬에게 모르핀을 공급해 주던 그 의사가 실은 시몬의 정부임을 알게 되었던 것이다. 그것은 카뮈의 인생에서 '가장 뼈아픈 충격'이었다.[32] 감수성이 예민한 청년 카뮈가 아내의 부정을 알고도 모른 척할 수는 없었다. 그는 주저 없이 이혼을 결심했다. 카뮈의 나이 스물세 살 때의 일이었다. 조숙한 결혼은 그에게 상처만 남겼던 것으로 보인다. 왜냐하면 이혼 이후 이 결혼에 대해 단 한 번도 직접적인 언급을 하지 않았기 때문이다. 지중해인 카뮈는 다시 한번 침묵이 곧 명예라고 생각했으리라.

두 번째 아내 프랑신 포르는 1940년 이후 카뮈와 평생을 같이한 실질적인 조강지처이다. 1937년 카뮈는 여러 여자들을 만났는데, 그 중에서 오랑 출신의 중산층 여대생 프랑신은 발군이었다. 바흐를 좋아하는 피아니스트 프랑신은 다른 여자들과는 달리 음란한 이야기를 좋아하지도 않았고, 함부로 정을 주지도 않았다. 방종한 시몬 때문에 괴로워했던 카뮈는 신실하고 우아한 프랑신을 완벽한 여자라고 생각하고 오랫동안 구애했다. 물론 사랑에 빠진 청년들이 으레 그렇게 하듯 자신의 근황과 심정을 다소 감상적인 어조로 고백하는 수많은 편지를 보내며…… 프랑신이 카뮈와 결혼할 결심을 한 것은 두 해가

지난 1939년 가을 무렵이다. 카뮈가 프랑스 리용에서 「파리 수아르」지의 편집 비서로 일하던 1940년 12월 둘은 구리반지를 교환하며 조촐한 결혼식을 올렸다.

프랑신과의 결혼생활은 역설적이게도 카뮈의 사회적 성공과 더불어 불행의 길로 접어들었다. 쌍둥이 장(Jean)과 카트린 (Catherine)의 탄생(1945년 9월 5일)도 이 불행을 막기에는 역부족이었다. 우선 카뮈가 일에 빠져 있는 시간이 많은 것이 프랑신에게는 불만이었다. 하지만 더 큰 불만은 카뮈가 여자에게 빠지는 것이었다. 부부관계의 비밀이야 누구도 알 수 없는 것이지만, 외형상 프랑신은 카뮈의 희생자였다. 우울증을 앓던 그녀는 자살을 기도하기도 했다. 가까운 사람들은 『전락』에서 클라망스가 구하지 못한 센 강의 여자가 누구를 가리키는 것인지 잘 알고 있었다. 끊임없는 갈등을 일으킨 두 사람의 관계 때문이었을까? "카뮈의 문학세계에서 아내와 자식이 차지하는 공간은 눈에 띄게 작다."[33] 카뮈가 말년에 사랑한 여자는 프랑신이 아니었지만, 죽음 이후 지금까지 루르마랭의 묘지에 함께 누워 있는 여자는 프랑신이다. 요즘 카뮈의 잠자리가 어떨지 자못 궁금하지 않은가……

마리아 카사레스는 연극이 카뮈에게 준 연인이었다. 1944년 「오해」의 작가와 여배우로 만난 둘은 처음 본 순간부터 서로에게 강렬한 매력을 느꼈다. 유명한 스페인 공화파 자유주의 인사의 딸인 마리아는 젊은 여배우답게 사랑에 있어서도 대담했다. 카뮈와 마리아는 공통점이 많았다. 카뮈보다 아홉

살 적은 마리아에게는 카뮈처럼 사람을 끄는 힘이 있었고, 카뮈처럼 바람기가 있었다. 그리고 카뮈도 스페인 혈통이라는 조상의 피를 잊지 않고 있었기 때문에 스페인 성향이 강한 마리아에게 곧잘 일체감을 느꼈다. 사실 극작가와 여배우의 사랑이란 17세기 몰리에르(Molière)와 아르망드 베자르(Armande Béjart)의 사랑 이후로 크게 놀랄 것도 없는 사건이었다. 더욱이 너무나 갑자기 찾아온 명성, 강요된 연설, 침해당하는 사생활, 바쁜 스케줄, 가장 가까운 사람들에게 상처를 주고 있다는 느낌 등으로 괴로워하던 당시의 카뮈에게 마리아는 사막의 오아시스였다.

친구들의 증언에 의하면 마리아는 '카뮈의 일생의 여자'였다. 카뮈가 절망할 때마다 그에게 휴식과 위안을 주고 창작에도 활기를 불어넣어준 여자가 바로 마리아였다. 카뮈는 가끔 "너를 속이긴 했지만 절대 배반은 하지 않았어"라고 작가답게 알쏭달쏭한 말을 하며 자유를 만끽했다.[34] 그들은 사르트르와 보부아르의 계약결혼과는 달리 절대적 사랑과 상대적 일탈을 동시에 인정하는 타협적 관계를 (카뮈의 말년까지) 지속시켰다.

마리아는 카뮈와 함께 애정생활만 영위한 것이 아니었다. 1948년 「계엄령」의 출연진에도 마리아가 들어 있었고, 1949년 「정의의 사람들」의 여주인공 도라 역도 마리아가 맡았다. 한집에서 살진 않았지만 카뮈가 마리아와 함께 보내는 시간은 프랑신과 함께 보내는 시간보다 훨씬 더 많았다. 카뮈에게는 두 여자가 다 중요했다. 프랑신에게는 깊은 우정을, 마리아에게는 뜨거운 열정을 느꼈다. 이를테면 마리아는 카뮈의 여자였고, 프랑신은 아이들의 어머니였다. 이기적인 카뮈!

카뮈의 애정행각을 보면 독보적인 에로티시즘 이론가 조르주 바타이유가 말한 대로 사랑이야말로 온갖 모순과 역설에 휩싸인 비밀스런 대상임을 다시 한번 깨닫게 된다. 사랑에 있어 카뮈는 여자의 입장을 별로 고려하지 않는 마초적 기질이 강한 남자였다. 그럼에도 불구하고 페미니스트적 성향의 여자들이 그에게 빠져든 까닭은 무엇일까? 이념과 생활의 일치란 그토록 힘든 것일까? 고대 그리스 사람들이 사랑의 신 에로스를 천방지축 어린 아이로 설정한 것은 결코 우연이 아닌 듯싶다. 일평생 이성과 계산으로 모은 재물을 단 한순간의 사랑을 위해 내던지는 것이 인간 아니던가. 정도의 차이는 있겠지만 세상 모든 사랑은 맹목적인 것이다.

반항이란 무엇인가

반항인

알다시피 카뮈 철학 사상의 중심은 『시지프 신화』(1943)와 『반항인』(1951)에 있다. 『시지프 신화』의 주요 과제인 부조리의 의식은 하나의 출발점이다. 이를테면 『시지프 신화』에서 의식은 각성되고, 『반항인』에서 의식은 반항한다. 그리고 전자에서 후자로 옮겨가면서 자아에 대한 성찰은 집단에 대한 성찰로 확대된다. 한마디로 『반항인』의 요체는 마르크스주의적 '혁명철학'에 맞서는 지중해적 '반항철학'의 정립에 있다.

『반항인』의 제1장 「반항인」은 반항의 개념 설명에 할애되어 있다. 반항인은 '아니요'와 '예'를 동시에 말하는 사람이다.

반항인은 참을 수 없는 구속에 대해 '아니요'라고 말하며, 때론 목숨을 걸고서라도 '지켜야 할 영원한 그 무엇', 즉 자신의 존엄성에 대해 '예'라고 말한다.35) 목숨을 걸고서라도 지켜야 할 영원한 그 무엇? 그렇다. 카뮈의 경우에는 사르트르의 경우와는 거꾸로 선험적 가치, 즉 본질이 실존에 앞선다. (이런 점에서 자신은 실존주의자가 아니라고 한 카뮈의 주장은 옳다.) 모든 인간이 공유하고 있는 선험적 가치는 소위 '숙명의 동일화'를 가능케 하는데, 반항은 박해받는 당사자뿐만 아니라 타인이 박해받는 광경의 목격자에게서도 태어난다. 반항이 개인의 차원에서 집단의 차원으로 넘어가는 것은 바로 이 숙명의 동일화를 통해서이다. 그리하여 카뮈는 반항을 '코기토(cogito)'36)의 위치에 놓아 '나는 생각한다, 그러므로 나는 존재한다'라는 데카르트의 명제를 재정리한다.

나는 반항한다, 그러므로 우리는 존재한다.37)

데카르트가 일자의 사유로써 일자의 존재를 확립시켰다면, 카뮈는 일자의 반항으로써 집단의 존재를 확립시켰다. 『반항인』에서 카뮈는 반항을 형이상학적 반항과 역사적 반항으로 대별하여 설명했다. 형이상학적 반항이 신에 대한 인간의 반항이라면, 역사적 반항은 주인에 대한 노예의 반항이라고 할 수 있으리라.

형이상학적 반항

형이상학적 반항은 인간이 부조리한 '인간조건'을 부여한 신에 대해 항거하는 행동이다. 예컨대 죽음이란 인간 정신을 위해 미리 주어져 있는 하나의 무질서이다. 형이상학적 반항자는 감히 신의 무질서를 인간의 질서로 대체하고자 하는 자이다. 그러므로 그는 필연적으로 무신론자를 넘어 반신론자(反神論者)가 된다.

카뮈에게 인류의 삶은 '인간-노예'가 그의 운명을 결정한 '신-주인'에 대해 감행한 기나긴 반항의 시간이다. 카뮈는 형이상학적 반항의 기원을 프로메테우스에게서 찾았다. 프로메테우스는 너무도 인간을 사랑했기에 스스로 제우스의 적이 되었다. 그러나 진정한 형이상학적 반항의 역사가 시작되는 것은 기독교가 탄생하면서부터인데, 왜냐하면 기독교와 더불어 신과 인간 사이에는 넘을 수 없는 심연이 발생했기 때문이다. 고대 그리스 시대에 신들의 삶의 양식은 인간들의 삶의 양식과 그리 다르지 않았다. 그들은 인간들과 마찬가지로 사랑하고, 질투하고, 싸우고, 탄식했다. 그러나 기독교의 유일신은 스스로를 감히 인간이 범접할 수 없는 완전무결 그 자체로 설정했다.

카인이 무자비한 신에게 반항을 시도한 후 기독교의 역사는 역설적으로 카인의 후예들의 역사가 된다. 그렇지만 신성에 대한 최초의 논리적 공격을 보기 위해서는 18세기 사드

(Sade)의 탄생까지 기다리지 않으면 안 된다. "만약 신이 인간을 죽이고 인간을 부정한다면, 아무것도 인간이 인간을 죽이고 인간을 부정하는 것을 금하지 못하리라."[38] 왜냐하면 어차피 이성적 법칙이 없는 이상, 이 세계에서의 유일한 명령은 본능과 욕망이기 때문이다. 19세기 전반 낭만주의 문학은 모든 불의의 책임을 숙명의 주재자인 신에게 돌렸다. 죄는 인간이 아니라 숙명에 있다. 그런데 19세기 후반 반항을 참으로 진일보시킨 사람은 도스토예프스키이다. 『카라마조프가의 형제들』의 이반 카라마조프는 무고한 인간에게 가해지는 고통과 죽음이 있는 한 신의 구원을 거부하리라고 선언한다. 문제는 개인의 무죄가 아니라 보편적 인간의 무죄인 것이다. 정당하지 못한 것으로 판명난 신의 율법은 당연히 부정되었다. "모든 것은 허용되어 있다"[39]는 명제와 더불어 현대 허무주의의 역사가 진정으로 시작되며, 은총의 왕국이 정의의 왕국으로 대체된다.

'신은 죽었다'라고 말하는 니체의 허무주의는 피동적인 것이 아니라 의식적이며 방법적인 것이다. 데카르트의 방법적 회의 대신에, 니체는 방법적 부정을 실천했다. 하늘의 신을 방법적으로 부정한 후 니체는 바야흐로 인간이 두 발을 딛고 서 있는 이 대지에서 새로운 위대함을 창조하려 했다. '초인'의 탄생! 그는 무엇보다 있는 그대로의 세계야말로 그대의 유일한 진리라고 외쳤다. 심지어 고통과 살인 등 인생이 가진 수상쩍은 모든 것에 대해서도 제한 없는 긍정을 주장했다. 머잖아 일단의 정치가들이 그의 이론을 오해하거나 혹은 왜곡하여 그들의 방패로 삼을 것이다. 파시스트들은 물론 그 선두에 있었다.

형이상학적 반항은 1920~1930년대 초현실주의자들에 의해 계속된다. 초현실주의자들이 니체와 달리 있는 그대로의 세계를 부정한다면, 그것은 있는 그대로의 세계에 부재하는 진정한 삶을 찾기 위해서이다. 그들은 이런 목적의 실현을 위해 우선 있는 그대로의 세계, 즉 현실 사회를 붕괴시켜야 한다고 결론지었고, 그 결과 마르크스주의자들과 함께 혁명에 뛰어들었다. 하지만 초현실주의자들의 혁명은 공산주의자들의 혁명과는 본질적으로 그 성격이 다르다. 초현실주의자들에게 혁명이란 매일매일 행동 속에서 실현시키는 목적이 아니라―사실 그들은 행동하지 않는다―마음을 위로해 주는 일종의 신화였다. 바꾸어 말하면 그들의 혁명은 꿈의 표현일 뿐이었다.

사드에서 초현실주의에 이르기까지 모름지기 신에 대한 인간의 반항이란 죽음에의 항의를 나타내는 것이며, 삶의 의미를 요구하는 것이고, 단절 없는 하나의 통일성을 추구하는 것이다. 그렇지만 통일성이란 추상적 신성 속에만 존재하는 것이기에, 형이상학적 반항은 필연적으로 허무주의로 귀결되곤 했다. 그렇다면 형이상학적 반항에서 역사적 반항으로 옮겨감으로써 추상(抽象)의 왕국을 구상(具象)의 왕국으로 대체시키는 것은 과연 가능한 일일까? 달리 말해 반항은 역사 속에서 완성될 수 있는 것일까?

역사적 반항

역사적 반항의 논리는 형이상학적 반항 논리의 연장일 뿐이다. 카뮈에 의하면 역사적 반항은 신의 화신인 왕의 시해, 구체적으로 말하면 루이 16세의 시해와 더불어 진정으로 시작된다. 환언하면 프랑스 대혁명(1789)은 서구의 지적 투쟁 가운데 형성되어 왔던 반항의 힘을 바야흐로 역사, 즉 현실 속에 도입했다. 루소에 의하면 지상의 대표자는 왕이 아니라 일반의지를 지닌 인민이며, 왕은 암묵적 사회계약에 의해 인민의 주권을 대신 행사할 뿐이다. 중요한 것은 신이 아니라 자연에 일치하는 '이성'인 것이다. 그러나 이 이성은 왕을 시해한 후 결국 (로베스피에르의) 공포정치, 즉 카뮈가 보기에 국가적 범죄의 정당화에 이르고 말았다. "그대의 미덕을 입증하라. 그렇지 않으면 감옥으로 가리라."[40]

19세기의 독일 사상, 특히 헤겔은 프랑스 대혁명의 업적을 수정·보완하여 계승하고자 했다. 헤겔은 이성과 폭력 사이의 모순을 극복하기 위한 수단을 찾았는데, 역사를 주인과 노예의 투쟁으로 요약하는 '주인-노예 변증법'이 바로 그것이다. 주인과 노예의 투쟁이 끝나는 날 주인도 노예도 없는 행복한 세상, 즉 만인이 만인을 인정하는 행복한 세상이 올 것이다. 따라서 그날을 앞당기기 위한 효율적 수단으로서의 폭력은 인정되지 않으면 안 된다.

승리자는 언제나 옳다. 이거야말로 19세기 독일의 가장 위대한 철학 체계로부터 우리가 이끌어낼 수 있는 교훈들 중의 하나이다.[41]

헤겔철학은 프랑스에서는 기성 사상에 의해 강하게 반발되었던 반면, 철학적 전통이 약한 러시아에서는 별다른 충돌 없이 열광적으로 수용되었다. 특히 러시아 기독교 청년들은 독일 이데올로기의 사도와 순교자로서 그 이데올로기를 '개인적 테러리즘'을 통해 실천했다. 바쿠닌은 "창조의 열정은 곧 파괴의 열정이다"[42]라고 말했다. 새로운 세계를 창조하기 위해서는 우선 있는 그대로의 세계를 파괴하지 않으면 안 된다. 허무주의와 맥을 같이 하는 개인적 테러리즘은 나름의 논리로 무장한 채 파괴의 열정 속으로 뛰어든다.

파시즘과 스탈린주의는 『반항인』에서 카뮈가 드는 '국가적 테러리즘'의 두 전형이다. 히틀러의 예에서 보듯 파시즘은 영원한 테러를 예찬한다는 점에서 비합리적 공포정치라고 할 수 있다. 반면 스탈린주의는 온갖 합리적 이유를 동원하여 폭력을 정당화한다는 점에서 합리적 공포정치라고 할 수 있다. 이를테면 바쿠닌 식의 개인적 테러리즘은 마르크스와 레닌을 지나 스탈린에 이르러 국가적 테러리즘이 되는 것이다. 마르크스는 자본주의가 낳은 여러 모순이 계급 없는 사회라는 하나의 종합 속에서 사라질 것이라고 예언한 바 있다. 하지만 오늘날 국가소멸론, 계급소멸론 등 마르크스의 주요 예언은 실패

한 것으로 드러났다. 오히려 스탈린에게서 볼 수 있는 것처럼 권력적 사회주의가 국가적 테러리즘과 독재적 공포정치를 제도화했었고, 프롤레타리아는 해방은커녕 또 다른 예속의 희생자가 되었었다. 한마디로 카뮈가 말하는 역사적 반항은 그 모두가 폭력과 살인을 정당화하는 테러리즘으로 치달음으로써 인류의 구원이 아니라 인류의 파괴에 이르렀던 것이다.

역사적 반항에 대한 결론에서 카뮈는 '혁명(révolution)'이 '반항(révolte)'을 배반했다고 주장한다. (카뮈는 혁명이라는 용어를 '공포정치화한 혁명', 즉 로베스피에르의 공포정치 혹은 스탈린의 공포정치에 한정하는 것 같다.) 카뮈는 혁명의 변질, 즉 구원의 실패를 암시적인 어휘로써 정리했다.

어느 날 노예가 말했다. "나는 반항한다, 그러므로 우리는 존재한다." 그때 형이상학적 반항이 덧붙였다. "그리고 우리는 외롭다."[43]

1950년대 스탈린주의의 공포에 찬 혁명은 과연 카뮈의 동시대인들을 외롭게 했었다. 그런데 그 어떤 혁명도 없는 21세기 벽두 우리는 정녕 더 이상 외롭지 않은 것일까?

지중해 사상과 아웃사이더 카뮈

정오의 사상

『반항인』에서 카뮈는 반항의 역사에 대한 결론을 '정오의 사상'이라는 상징적인 제목 하에 정리하고 있다. 추상적일망정 카뮈의 결론은 이런 것이다. 자유와 정의, 반항과 혁명의 대립은 '절대'가 문제될 때에만 존재한다. 혁명의 과오는 반항이 가리키는 그 한계를 모르고 있든지 혹은 고의로 오해하고 있다는 데 있다. 혁명이 한계의 의식이자 절도(節度)의 의식인 반항정신에 충실할 때 테러와 전쟁 같은 과도한 행동은 사라진다. 어떤 현실도 전적으로 합리적인 것은 아니며, 어떤 합리도 전적으로 현실적인 것은 아니다. 현실에는 어느 정도의 비합리가 개재(介在)됨을 인정하지 않으면 안 된다. 그것을 부인하는 것이야말로 또 하나의 종교이며, 또 하나의 전체주의이다.

> 인간에게는 인간에게 알맞은 중간 차원에서 가능한 사상과 행동이 있는 법이다. 이보다 더 야심적인 일체의 기도는 모순적인 것으로 드러난다. 절대란 역사를 통해 도달될 수 없는 것이며, 더 더욱 창조될 수 없는 것이다.[44)

『반항인』을 통해 카뮈가 시종 역설하는 것은 바로 한계와 절도의 사상, 지중해적 전통에 충실한 정오의 사상만이 20세기 살인의 세계를 구할 수 있다는 것이다. 하지만 결과적으로 말해 살인의 세계를 구하려던 정오의 사상은 그 목적달성과 무관하게 지식인으로서 카뮈의 존재를 질식사시켰다. 우선 정오의 사상의 요체를 좀더 구체적으로 설명해 보자.

반항, 원한, 혁명

『반항인』에서 카뮈는 혁명이 반항이라는 그 기원으로부터 얼마나 멀리 떨어져 나갔는가를 가늠하고 있다. 개인의 행동으로 집단의 존재를 확립시키는 데 있어서는 반항이나 혁명이나 별 차이가 없어 보인다. 혁명적 지식인들이 카뮈를 의혹에 찬 시선으로 바라보는 것은 그가 '반항'과 '원한(ressentiment)'

을 구분하여 설명할 때이다. 반항은 소유하고 있는 것을 타자로 하여금 인정케 하려는 반면, 원한은 질투와 더불어 소유하고 있지 않은 것을 탐낸다. 이를테면 반항은 현재 있는 그대로의 자기의 완전을 위해 투쟁하는 반면, 원한은 현재 있는 그대로의 자기와는 다른 것이 되려고 한다. 여기서 카뮈는 노예로 하여금 주인의 권력을 장악케 하려는 혁명을 원한에 가까운 것으로 몰아붙이는 것처럼 보인다.

『반항인』의 논지를 종합하면 이렇다. 반항이 일종의 항의로부터 출발하여 점진적인 해방을 추구하는 것이라면, 혁명은 하나의 이론적 틀로부터 출발하여 역사를 전복하고 세계를 뒤바꾸고자 하는 것이다. (카뮈가 개량주의자로 불린다면 이런 의미에서이다.) 따라서 카뮈가 말하는 혁명에는 늘 화약 냄새가 난다. 게다가 냉전체제 하에서는 개별국가의 혁명의 성공이란 상상하기 힘든 것인데, 왜냐하면 미국과 소련이 그것을 좌시하지 않을 것이기 때문이다. 카뮈는 다가올 혁명이 초래할 엄청난 피를 두려워했었다. 논지를 분명히 하기 위해 다시 한번 좌파의 거두 사르트르의 생각과 비교해서 표현해 보자. 카뮈에게 혁명이 '극단적인 반항'이었다면, 사르트르에게 반항은 '한계 있는 혁명'이었다. 언어의 유희처럼 들리지만 실은 이 차이란 매우 근본적인 것이다. 이후 양자 사이에 이루어지는 모든 견해 차이는 바로 이 근본적인 시각의 차이에서 비롯되었다고 해도 과언이 아니다.

역사와 인간

칼 포퍼(Karl R. Popper)는 역사를 거역할 수 없는 힘에 의해 운명지어지는 것으로 보는 사람을 가리켜 '역사주의자'라고 불렀거니와, 제2차세계대전 직후의 사회적 분위기는 과연 역사주의적이었다. 즉, 동시대의 역사는 공산주의로 귀결되도록 결정되어 있고, 또 그 행복한 귀결을 앞당기기 위해서는, 다시 말해 역사의 진보를 위해서는 폭력이라는 수단과 당장의 희생이 불가피하다는 것이 지배적 여론을 이루고 있었다.

헤겔과 마르크스로 무장한 메를로퐁티는 역사주의의 승리를 위해 멋진 이론을 제공하는데, 이것이 바로 1940년대 말 폭발적 인기를 끌었던 『휴머니즘과 테러 *Humanisme et terreur*』(1947)에 등장하는 '진보적 폭력(violence progressive)' 이론이다. 자유주의적 비폭력 이론은 현 단계에선 전혀 쓸모가 없는데, 왜냐하면 현재 도처에 폭력이 존재하기 때문이다. 현재 모든 정치체제가 폭력을 갖고 있다면, 미래에 폭력 자신을 없애고자 하는 폭력은 상대적으로 정당화되어야 하지 않을까? 따라서 '스스로를 영속화하려는 폭력'과 '스스로를 폐지하려는 폭력'은 구분해야 할 필요가 있다. 프롤레타리아의 폭력은 진보적 폭력으로서 새로운 역사의 탄생을 위한 어린아이의 열병으로 이해하지 않으면 안 된다.

알제에서 파리까지 카뮈 역시 평생을 역사의 발전에 투신한 참여 지식인이었다. 하지만 사하라 사막과 지중해라는 원초의 자연 속에서 태어난 카뮈의 역사성은 사람들로 북적거리는 파리에서 대부분의 시간을 보낸 메를로퐁티나 사르트르의 역사성과는 달랐다. 카뮈의 세계에서는 언제나 역사라는 추상성보다 인간이라는 살아 팔딱이는 구체성이 앞선다. 거칠게 말해 역사는 '인간의 꿈에 실체를 부여하기 위한 절망적 노력'일 뿐이다.[45]

역사를 불신하던 카뮈는 한 걸음 더 나아가 마르크스주의적 역사철학을 메시아사상으로 간주하여 비판했다. 그는 헤겔의 주인-노예 변증법 자체는 공유하지만, 그러나 그 변증법적 운동이 공산주의 체제에서 멈추어 지상낙원을 구현하리라고는 생각지 않았다. 변증법은 하나의 영원한 운동이다. 그렇다면 도대체 어떻게 그 영원한 운동에 종말을 상상할 수 있단 말인가? 영원성과 종말이란 본질적으로 이율배반적인 것이다. 미래를 위한 현재의 희생, 이것이야말로 기독교가 수천 년에 걸쳐 저지른 불의 아닌가? 동일한 맥락에서 카뮈는 메를로퐁티의 '진보적 폭력' 이론을 비판했다. 완벽한 정의의 도시란 환상에 지나지 않기에 진보적일지라도 폭력은 정당화할 수 없는 것이다. 중요한 것은 피와 고통의 감소, 즉 인간 생명의 구원이다. 콩케스트(R. Conquest)의 추산에 의하면 1936년과 1950년 사이에 소련 수용소에서 사망한 사람들의 수효는 약 3천만 명에 이른다.[46] 카뮈는 이런 소련 수용소를 독일의 아우슈비츠(Auschwitz)와 구분하지 못한다. 절대가 있다면, 그것은 역사가 아니라 인간이다.

지중해의 헬레니즘

알제리에서 태어난 프랑스인 카뮈는 스스로를 기독교 세계 속의 그리스인, 즉 이방인이라는 묘한 감정을 갖고 있었다. 그는 늘 북유럽보다는 지중해를, 헤겔과 마르크스보다는 플라톤과 성 아우구스티누스를 좋아했다. 그의 자연에 대한 사랑 역시 이교도적·지중해적 전통의 산물이다. 그에게 자연은 투쟁의 대상이 아니라 우애의 대상이며, 변형의 대상이 아니라 응시의 대상이었다. 지금 이대로의 세계에 동의하고 그곳에 뿌리내리는 것, 그것만이 인간의 행복을 보장한다.

지중해인 카뮈를 머리에서 발끝까지 지배한 사상이 있었다면 그것은 바로 헬레니즘이다. 그는 언제나 헬레니즘의 고요와 헬레니즘의 균형 속에 살고 싶어 했다. 『반항인』의 결론인 '정오의 사상'은 헬레니즘의 별칭일 뿐이다. 카뮈는 지중해적 균형을 말살하는 북유럽의 전체주의적 이념을 끝없이 경계했다. 그리하여 카뮈의 철학은 온갖 형태의 초월과 부정에 맞서 싸우는 것으로 요약된다. 대지에의 동의, 그것만이 구원의 열쇠이다.

마르크스주의 시대와 아웃사이더 카뮈

19세기 말 드레퓌스 사건 이후 프랑스 지식인 사회의 주류는 늘 좌파 지식인들이었고, 그것은 지금도 마찬가지이다. 제2

차세계대전 직후 프랑스의 정치 지도 속에서 마르크스주의의 위치는 단연 돋보였다. 칠만오천 명의 당원이 조국해방을 위해 싸우다 총살된 것으로 알려진 공산당의 애국성, 노동계급의 해방이라는 슬로건의 도덕성, 정의를 실험하는 사회주의 국가 소련의 참신성 등이 젊은 지식인들로 하여금 마르크스주의 열풍에 휩싸이게 만들었다. 사실 1989년 소련이 붕괴할 때까지 마르크스주의를 관통하지 않은 프랑스 지식인 사회의 사상적·정치적·경제적 논의란 없었다고 해야 옳을 것이다.

간단히 말해 마르크스주의는 동시대 담론이 자신의 색깔을 부여받기 위해 반드시 거쳐야 할 프리즘과도 같은 것이었다. 이 프리즘을 통해 볼 때 실존주의는 '개인의 구원'만을 탐구하는 부르주아 사상이었다. 대개의 실존주의자들이 마르크스주의자가 되고자 애쓴 것은 어쩌면 이런 사정과 무관하지 않았으리라. (사르트르, 메를로퐁티, 시몬 드 보부아르는 모두 마르크스주의자가 되었다.) 그런데 카뮈는 스스로 실존주의자도 마르크스주의자도 아니라고 말함으로써 소위 '왕따'를 자초했던 셈이다.

『반항인』의 요체는 역사주의의 비판과 헬레니즘으로의 복귀였다. 절대적 반항, 즉 혁명이란 카뮈에게 무엇보다 균형의 상실이요, 현재의 죽음이요, 추상의 사랑이다. 하지만 추상적 역사주의를 비판하는 카뮈의 정오의 사상, 그것 역시 추상적인 것 아닐까? 한계, 절도, 중용, 균형…… 도대체 그 정도를 누가, 어떻게 판단할 것인가? 상대적 정의, 상대적 자유, 상대

적 폭력이란 정히 절대적 정의, 절대적 자유, 절대적 폭력만큼
이나 애매한 언어의 유희로 끝날 수도 있지 않을까?『반항인』
은 과연 그 애매성으로 인해 찬사보다는 비판을 더 많이 받았
다. 앙드레 브르통(André Breton)은 카뮈를 '체제순응주의자'라
고 비난했고, 프랑시스 장송(Francis Jeanson)은 반항 사상을 '애
매한 휴머니즘'이라고 불렀으며, 사르트르는 카뮈 사상 전반
을 '철학적 무능'으로 일축했다.[47] 마르크스주의 혁명을 간절
히 염원하던 격랑의 시대에 한가하게 지중해적 균형을 부르짖
었던 출세 작가의 목소리, 그 목소리는 실로 그 어떤 파렴치한
의 목소리보다 더 얄밉게 들렸으리라.

메를로퐁티·사르트르·카뮈·아롱

가끔 학문적 논쟁이나 이념적 투쟁에서 필생의 라이벌이
탄생할 때가 있다. 이런 점에서 20세기는 풍성한 한 세기이다.
사르트르 대 메를로퐁티, 사르트르 대 카뮈, 사르트르 대 아롱
(Raymond Aron)……. 그런데 왜 항상 사르트르가 문제일까?
그것은 사르트르가 당대 프랑스 지식인 사회에서 부동의 중심
점이었다는 사실을 증명하기도 하고, 후자들의 생각이 사르트
르의 그것과 사뭇 달랐다는 사실을 증명하기도 한다. 메를로
퐁티, 사르트르, 카뮈, 아롱……. 그런데 왜 이런 순서인가?
사르트르는 자신이 메를로퐁티의 오른쪽, 카뮈의 왼쪽에 있었
다고 말한 바 있다. 그리고 레몽 아롱이 우파 이론가들의 수장

임은 그 당시 누구나 인정하던 사실이었다. 말하자면 이 순서는 곧 그들의 이념적 좌표였다.

오늘날까지도 그 영향이 지속되고 있는 네 대가의 이념은 곧 시대의 이념이었고, 그들의 우정은 곧 시대의 우정이었다. 그들의 입장의 비교는 카뮈의 주변성을 더 잘 이해하게 해줄 것이다. 네 대가의 사상적 위치를 다시 한번 정리해 준 사건은 바로 한국전쟁(1950~1952)이었다. 한국전쟁이 프랑스 지식인들의 비상한 관심을 끌었던 이유는 그것이 미국과 소련, 자본주의와 공산주의의 대리전 양상을 띤 최초의 전쟁이었기 때문이다.

좌파 일변도의 지적 분위기 속에서 대담하게도 혹은 기이하게도 미국을 지지한 아롱은 1950년 한국전쟁을 통해 소련을 더욱 경원하게 되었다. 그가 보기에 미국의 한국전쟁 참전은 나토(NATO)를 건설중이던 서유럽을 소련의 위협으로부터 보호하는 효과가 있었다. 더욱이 전쟁을 먼저 시작한 소련은 도덕적 우위마저 상실한 것으로 보였다. 1950년대 프랑스인들은 흔히 아롱과 함께 옳은 것보다 사르트르와 함께 틀리는 것이 더 즐겁다고 말하곤 했다.[48] 그러나, 불행히도, 역사는 사르트르와 함께 즐거운 것보다는 아롱과 함께 서글퍼지는 것이 더 옳았다고 말하는 듯하다. 그리고, 불행히도, 2003년 오늘의 이라크 전쟁은 미국식 자유주의를 지지한 아롱 역시 틀렸다고 말하는 듯하다.

메를로퐁티와 사르트르의 이념적 결별을 주도한 것은 메를로퐁티였다. 『휴머니즘과 공포』를 통해 소위 '진보적 폭력' 개념을 내세워 소련의 국가적 테러리즘을 정당화해 주었던 그 메를로퐁티가 한국전쟁을 계기로 자신의 주장을 완전히 뒤엎었던 것이다. 메를로퐁티는 한국전쟁을 일으킨 스탈린의 비도덕성을 격렬하게 비난했고, 이후 줄곧 비공산주의적인 자세를 취했다. 사르트르는 여전히 스탈린의 편은 아닐망정 공산주의의 편이었다. 제2차세계대전 이후 『현대 *Les Temps modernes*』지 창간, 대독협력자의 숙청 등에 대해 줄곧 의견을 같이했던 양자가 갈라서게 된 것은 이런 상황 속에서이다. 양자의 불화는 한국전쟁 직후 일련의 논쟁으로 그 절정에 이르며, 결국 메를로퐁티가 사르트르의 『현대』지를 떠남으로써 결별은 돌이킬 수 없는 것이 되었다.

한국전쟁이 진행되는 동안 카뮈는 이에 대해 직접적으로 의견을 표명하지 않았다. 이 시기에 그는 무엇보다 『반항인』 집필, 프랑신과 마리아 사이의 이중생활로 심신이 지쳐 있었다. 1950년대 초 사르트르와 카뮈의 논쟁은 한국전쟁이 아니라 『반항인』을 둘러싸고 벌어졌다. 사실 1942년 『이방인』 출간 이후 카뮈와 사르트르 사이의 우정은 더 할 나위 없이 돈독한 것이었다.[49] 양자 사이의 우정에 금이 가기 시작한 것은 해방 이후 대독협력자들의 숙청 문제를 계기로 해서였는데, 레지스탕스에 적극적으로 가담했던 카뮈보다 소극적이었던 사르트르가 훨씬 더 단호했다. 『반항인』은 카뮈와 사르트르를 적어도 이념적으로는 다시 만날 일이 없게 만들었다. 저널리즘은 그들의 논쟁에 '실존주의의 불화' '사르트르 대 카뮈' 등의 제목을 붙이면서 열광했다.

먼저 사르트르의 제자로 일컬어지던 철학자 프랑시스 장송이 1952년 『현대』지 5월 호에 '알베르 카뮈 혹은 반항의 영혼'이라는 제목으로 과격한 반론을 제기함으로써 소위 사르트르 대 카뮈 논쟁을 촉발시켰다. 장송에 의하면 스탈린 체제가 마르크스 이론의 논리적 귀결이라고 주장하는 카뮈는 틀렸다. 장송이 보기에 스탈린주의를 만든 것은 다름 아닌 스탈린 자신이었다. 『현대』지 8월 호에 게재된 반론에서 카뮈는 자신의 적수가 장송이 아니라 사르트르라는 것을 분명히 하기 위해 '편집장 귀하'라는 인사말로 글을 시작하는데, 이것이 사르트르의 화를 돋우었다. 카뮈에 의하면 『반항인』은 역사 자체를 부정하는 책이 아니라 역사를 '절대'로 만들려는 태도를 부정하는 책이었다. 사르트르는 '친애하는 카뮈에게'라는 인사말로 반론을 시작함으로써 카뮈의 무례를 간접적으로 나무랐고, 좌파의 수장으로서 카뮈를 파문했다. 사르트르에 의하면 『반항인』은 원전의 독서 없이 간접적으로 취한 지식을 기초로 해서 만든 빈약한 책이었고, 『반항인』의 카뮈는 심약한 모럴리스트 외에 아무것도 아니었다. 글의 말미에서 사르트르는 더 이상의 논쟁은 사양하겠노라고 선언했고, 그것으로 논쟁도 우정도 끝이었다.[50]

프랑스에서도 학연이 중요하게 작용하는 것은 사실이다. 고등사범학교 동기동창인 사르트르와 아롱은 서로의 지성을 높이 평가하면서 특별한 우정을 나누었고, 그들의 후배인 메를로퐁티는 선배들로부터 특별한 사랑을 받았다. 1942년 『이방인』의 발표와 함께 파리 문단에 혜성과 같이 나타나 동시대 논쟁의 한 축을 이룬 카뮈는 고등사범학교는커녕 '식민지' 알제 대학 출신이었다. 카뮈가 파리 지식인 사회에서 가혹한 '왕따'를 당한 것은 이런 출신 배경과 전혀 무관하다고 말할 수 없으리라. 이념적 노선으로 보면 아무래도 아롱이 더 소외당했어야 마땅하지 않을까? 그렇지만 메를로퐁티, 사르트르, 카뮈, 아롱의 우정과 논쟁은 학연이 결코 신념보다 앞서지 않음을 실감나게 입증했다. 학연, 지연, 혈연이 함께 뒤엉켜 신념의 발목을 잡는 한국 지식인 사회가 갈 길은 아직도 멀어 보인다.

알제리 전쟁, 노벨문학상, 5번국도

알제리 전쟁과 카뮈의 침묵

알제리 태생의 프랑스인 카뮈는 알제리를 열렬히 사랑했고, 프랑스인이든 아랍인이든 그 땅에 사는 모든 사람을 '친구'로 생각했다. 하지만 개인의 우정이 민족의 전쟁을 막을 수는 없었다. 1954년, 알제리 독립전쟁이 시작되었다. 여전히 『반항인』의 후유증에 시달리던 카뮈에게 그것은 하나의 악몽이었다. 카뮈는 이 악몽으로부터 완전히 벗어나지 못한 채 1960년 불의의 자동차 사고로 사망했다. 알제리 독립은 1963년에 이르러서야 완성되었다.

아프리카 대륙의 북서부에 위치한 알제리는 지중해라는 천

혜의 자연에 면해 있다. 선사시대 이래 베르베르족이 살던 이 지역은 기원전 9세기에는 카르타고, 기원전 2세기에는 로마제국, 7세기에는 아랍, 16세기에는 오스만 투르크 제국의 지배 하에 있었고, 1830년 프랑스가 오스만 투르크 총독부를 제압함으로써 프랑스의 식민지가 되었다. 말하자면 알제리는 하나의 독립국가로서 존재해 본 적이 없었는데, 이것이 프랑스가 '알제리 독립'이라는 말을 추상적 허구로 몰아붙이는 이유였다. 프랑스 이민자들의 눈에 알제리는 아랍인의 '국가'가 아니라 유럽계, 아랍계, 아프리카계가 모여 사는 '지역'일 뿐이었다. 그리고 그것은 곧 카뮈 가족의 시각이기도 했다.

알제리 전쟁이 시작되자 프랑스는 드레퓌스 사건 때처럼 양분되었다. 우파는 이 전쟁을 두 민족, 두 국가의 전쟁이 아니라 일단의 분리주의자들의 반역으로 간주하며 단호한 진압을 요구했다. 좌파는 이 전쟁을 두 국가의 전쟁, 더욱이 한 민족이 다른 한 민족의 자유를 침해하는 범죄적 전쟁으로 간주하고 알제리의 독립을 적극 지지했다.

카뮈는 「알제 레퓌블리캥」지에서 "카빌리의 비참"이라는 르포 기사를 쓸 때부터 줄곧 알제리 아랍인들이 겪는 두 가지 질병, 즉 가난과 불의를 고발했었다. 하지만 그가 보기에 알제리의 프랑스인들 또한 그 낱말의 정당한 의미에서 원주민이었다. 그러기에 카뮈는 자신을 '알제리인'이라고 굳게 믿었다. 알제리 문제를 다룬 글을 모은 『시사평론 3 Actuelles III』에서 카뮈는 식민주의의 제도적 남용, 아랍인들에 대한 멸시, 거짓

된 통합의 약속, 부당한 농지분배와 소득분배 등과 관련한 아랍인들의 현실적 항의를 정당한 것으로 인정했다. 그러나 민족독립은 순전히 감상적 공식으로서 받아들일 수 없는 요구였는데, 왜냐하면 전술한 대로 역사상 단 한 번도 알제리 민족국가란 존재해 본 적이 없었기 때문이다. 더욱이 경제적 독립 없는 정치적 독립이 무슨 의미가 있는가? 여전히 식민주의적 사고라고 비난받을지언정 당시 카뮈의 생각은 그런 것이었다.

지중해인 카뮈는 다시 한번 절도와 중용을 내세웠다. 그가 보기에 알제리의 존립은 알제리 토착민과 프랑스 이주민의 일치단결에 의해서만 지켜질 수 있는 것이었다. 역사를 전진시킨다는 구실로 전쟁을 시작하지만, 전쟁은 매번 야만과 비참을 가중시켰을 뿐이다. 1956년 카뮈는 알제에서 「민간인 휴전을 위한 호소」를 발표하고 죄 없는 민간인을 학살로부터 구하자고 간청했다. 그리고 그는 식민주의적 통합에도 새로운 민족국가의 건설에도 반대했다. 그의 결론은 차이의 공존, 즉 연방제였다. 알다시피 현실은 카뮈의 모호한 주장을 비웃는 방향으로 치달았다. 카뮈는 양쪽 모두에게서 배신자로 낙인찍혔다. 알제리의 프랑스인과 아랍인 모두에게서, 프랑스의 좌파와 우파 모두에게서 말이다.

불의가 횡행하는 알제리……. 하지만 어머니가 살고 있는 알제리……. 카뮈는 '할 말이 침묵보다 낫지 않다면 말하지 말라'는 아랍 속담에 익숙한 사람이었다. 사상과 감정의 짓찢기는 드라마 속에서 그는 결국 입을 닫았다. 진정 내밀한 기쁨을 느끼던 고향 땅, 그 바다, 그 태양에서 자기 존재의 뿌리가 뽑혀 나가고 진짜 '이방인'이 되는 것을 감당하기란 쉬운 일이 아니었으리라. 긴 침묵은 긴 비난을 몰고 왔고, 카뮈는 더욱 외톨이가 되었다. 알제리 전쟁 때 취한 카뮈의 선택은 한편 그 역시 '피에 누아르(Pied noir)'[51]의 이해관계로부터 자유롭지 못했음을, 다른 한편 그가 여전히 균형과 절제의 그리스적 전통에 충실한 고전주의자였음을 잘 보여준다.

노벨문학상의 행운과 불행

알제리 전쟁이 한창이던 1957년 10월 17일 스웨덴 한림원은 '프랑스 작가 알베르 카뮈'에게 노벨문학상을 수여했다. 수상자 선정 이유는 그의 작품세계가 우리 시대 인간 의식에 제기되는 주요 문제를 규명해 주었기 때문이다. 솔직히 말해 카뮈는 이 명예 앞에서 환희와 공포를 동시에 느꼈다. 그가 보기에 당시 노벨문학상에 가장 잘 어울리는 작가는 앙드레 말로였다. (말로 역시 가끔 자신이 노벨문학상을 받게 되리라고 확신하고 있었다.) 카뮈 자신은 아직도 길을 찾아 헤매고 있었고, 작품세계도 완결되지 않았으며, 더구나 혼자 작업하기를 좋아하는 젊은 작가였다.

외면상의 표정관리와는 별도로, 그래도 내심 뒤따를 공격에 대한 걱정보다는 뜻밖의 영광에 대한 기쁨이 훨씬 더 컸던 듯하다. 수상 소식을 들은 날 저녁 카뮈는 집으로 들어오면서 아

내와 아이들에게 "인생은 한 편의 소설이야" 하고 외쳤다.[52]
1937년 로제 마르탱 뒤 가르(Roger Martin du Gard), 1947년
앙드레 지드, 1952년 프랑수아 모리악(François Mauriac)이 받
은 그 노벨문학상이었던 것이다.[53] 언론에서는 프랑스가 노벨
문학상을 가장 많이 수상하게 되었다고 야단이었다. 나이로
따지면 마흔두 살에 수상한 키플링(Kipling)에 이어 역대 두 번
째 최연소 수상자였다. 노벨문학상을 부르주아의 잔치로 간주
하여 수상을 거부한 사르트르와 달리 카뮈는 노벨문학상을 사
양하지 않았다.

스톡홀름에서 행한 수상 연설에서 카뮈는 작가로서 자신의
직업을 정당화해 주는 것이 무엇인지를 분명히 했다. 진실과
자유를 위한 봉사. 진실은 신비스럽고 붙잡기 힘든 것이지만,
작가는 언제나 그것을 포착하려 애쓰지 않으면 안 된다. 자유
는 위험하고 실현하기 힘든 것이지만, 작가는 언제나 그것을
구현하려 애쓰지 않으면 안 된다. 카뮈는 자신의 예술관을 다
시 한번 강조했다. 하나의 작품이란 처음으로 가슴을 열었던
단순하고 위대한 두세 가지 이미지를 되찾기 위한 기나긴 도
정에 다름 아니다. 스웨덴 연설 막바지에 돌아온 하나의 이미
지는 바로 태양과 바다와 죽음이 깃든 티파사의 이미지였다.
카뮈에게 진정 행복했던 시절은 사회적 명성이 절정에 이르렀
던 1950년대 말이 아니라 빛과 가난 속에서 산 그 어린 시절
이었던 것이다.

노벨문학상 발표가 언제나 그랬듯 카뮈의 수상도 논란 없

이 지나가지 않았다. 격려와 찬사에 뒤이어 온갖 모함과 비난이 쏟아졌다. 가령 스웨덴 최대 일간지 「다겐스 니헤테 *Dagens Nyheter*」는 카뮈를 일컬어 환상과 깊이가 부족하며 『이방인』을 예외로 하면 한마디로 이류 작품만 쓴 소설가라고 혹평했다. 그리고 자크 로랑(Jacques Laurent)은 "카뮈에게 상을 줌으로써 노벨상 위원회는 끝장나버린 작품에 시상한 셈이다"라고 비난했다.54) 그런데 슬픈 일이지만 카뮈의 작품은 노벨문학상 수상 이후 실질적으로 끝이 나버렸다. 하지만 이것은 자크 로랑이 말한 의미에서의 끝은 아니었다. 카뮈의 작품은 오늘날까지도 세계 도처에서 베스트셀러, 특히 청년 독자들의 베스트셀러로서 끊임없이 애독되고 있으니까 말이다.

흔히 영광이 극에 달하면 불안도 극에 달하는 법이다. 예컨대 인기의 절정에서 마약이나 자살에 매달리는 소위 연예계 스타들을 생각해 보라. 삼십대에 지식인 스타의 반열에 오른 카뮈는 이미 그때부터 작가로서의 재능에 대해 심각한 회의를 느끼고 있었다. 노벨문학상 수상은 이 회의를 가라앉히기는커녕 오히려 들끓게 했다. 카뮈는 한때 창작활동의 중단을 진지하게 고려하기도 했다. 정신의 황폐가 극에 달했을 때 그가 흔히 그렇게 했듯 이번에도 연극에 매달렸다. 그는 경애하는 소설가 도스토예프스키의 소설 『악령』을 직접 각색하고 연출해서 1959년 무대에 올렸다. 이듬해 카뮈가 죽던 날 그의 극단은 북프랑스에서 공연을 하고 있었다. 단원들이 공연에 대해 이것저것 지시하는 카뮈의 편지를 받아본 것은 그 며칠 후였다.

5번국도

「알제 레퓌블리캥」지 기자 활동, 레지스탕스, 「콩바」지 기자 활동, 1950년 그리스 공산주의자들의 구명 운동, 1952년 프랑코 정권을 가입시킨 유네스코로부터의 탈퇴, 1953년 동베를린 소요를 일으킨 독일 노동자 지지, 1956년 헝가리 봉기 지지, 1957년 쾨스틀러(Koestler)와 함께 벌인 사형폐지 운동, 그리고 무엇보다 알제리 문제 개입 등 평생 참여와 논쟁의 와중에서 살아온 카뮈는 지쳐 있었다. 하지만 창작의 레이스를 멈출 수는 없었다. 본격적으로 달리기 전에 마지막 심호흡을 하고 싶었던 것일까? 부조리와 반항에 뒤이은 세 번째 창작 사이클, 즉 사랑의 형상화에 착수하기 전에 그는 무작정 쉬려 했다. 물론 충분한 체력과 정신력을 회복할 수 있을 때까지만……. 하지만 이 휴식은 망중한이 아니라 영원한 안식이 되었다.

1959년 『최초의 인간』을 구상하던 카뮈는 크리스마스 휴가를 가족과 함께 루르마랭에서 보냈고, 새해에는 갈리마르 출판사의 미셸 갈리마르 가족이 합류했다. 1960년 1월 2일 카뮈는 아이들 학교 문제 때문에 기차로 가족과 함께 파리로 돌아가려 했다. 미셸 갈리마르가 카뮈에게 자기 자동차로 이튿날 출발하자고 고집을 부렸고, 카뮈는 하는 수 없이 아비뇽 역에서 가족들을 배웅했다. 1월 3일 카뮈는 알고 지내는 부인에게 집 열쇠를 맡기며 이렇게 말했다. "일주일 있다가 돌아올

게요. 할 일이 아직 많이 남아 있거든요."55)

카뮈와 미셸 갈리마르 가족은 7번국도를 타고 올라가다 오랑주에서 맛있는 점심을 먹고 마콩 근처 샤퐁의 시골 호텔에서 하룻밤을 보냈다. 1월 4일, 일행은 약 300㎞를 달린 끝에 센 강가 상스에서 점심식사를 했다. 다시 출발하려 할 때 미셸의 아내 자닌이 카뮈가 자기보다 키가 크다는 이유로 앞좌석을 양보했다. 일행이 5번국도를 달려 빌블르뱅에 이르렀을 때 갑자기 자동차가 직선도로를 벗어나 커다란 플라타너스 나무를 정면으로 들이받았다. 의사의 소견에 의하면 카뮈는 고통 없이 즉사했다. 두개골이 파열되고 척추가 부러진 채……

평소에 카뮈는 "어린아이의 죽음보다 더 분노할 만한 것은 없고, 자동차 사고로 죽는 것보다 더 부조리한 것은 없다"고 말하곤 했다.56) 사망 이틀 후 루르마랭에서 장례가 치러졌다. 묘지는 카뮈의 집에서 가까웠고, 비석은 극히 평범했다. 행렬의 선두에는 아내 프랑신, 형 뤼시엥, 오랜 친구이자 유명 시인인 르네 샤르(René Char)가 섰다. 간명하고 단속적인 그의 문체처럼 카뮈의 삶은 그렇게 끝났다. 모순에 찬 카뮈, 하지만 사랑스런 카뮈……. 할 일이 아직 많이 남아 있는데…….

다시, 루르마랭의 카뮈

제2차세계대전 직후 모든 젊은이들이 어둠 속을 더듬거리며 스승을 찾고 있을 때, 하필이면 그때 프랑스 지성계에 혜성처럼 등장한 것이 지중해인 카뮈의 행복이자 불행이었다. 『이방인』의 발표와 함께 하루아침에 대중적 스타가 된 것은 행복이었다. 그러나 사회주의적 변혁이 물결치던 시대에 코드가 다른 지중해 사상을 내세운 것은 불행이었다. 마르크스는 '프롤레타리아에게 조국은 없다'고 했지만, 그 시대 소련은 프롤레타리아의 조국처럼 보였다. 요컨대 카뮈의 생각은 당대의 지적 풍토에 비추어 독보적이었지만 이단이었다.

카뮈의 사상은 어쩌면 태아 시절부터 결정되어 있었다고 해도 좋을 듯하다. 알제리에서 태어난 프랑스인 카뮈, 헬레니즘적 전통에 충실한 지중해인 카뮈⋯⋯. 심지어 카뮈는 정신적으로 알제리를 아프리카가 아니라 그리스로 인식하곤 했다. 관용·대화·타협의 강조, 한계·균형·중용의 가치화, 있는 그대로의 존재·있는 그대로의 세계의 긍정⋯⋯. 카뮈의 죄는 진정 옳은 말을 했지만 그 시기가 너무 이른 것이었을지도 모른다. 게다가 구체적 대안 없는 비판은 문제의 회피로 의심받기 일쑤이다. 흔히 카뮈의 긍정이 사르트르의 부정보다 공허하게 들리는 이유도, 영원한 모럴리스트라는 카뮈의 호칭이 경멸적 의미로 들리는 이유도 바로 여기에 있을 것이다.

어쩌면 오늘날 아무도 사상가 카뮈를 인정하지 않을지도 모른다. 그러나 누가 감히 예술가 카뮈를 부정할 수 있을까? 포도농장 노동자와 일자무식의 여자 사이에서 태어난 카뮈, 말 많은 프랑스 문단에 말 없는 섬처럼 던져진 소설 『이방인』, 마흔네 살의 젊은 나이에 수상한 노벨문학상, 별안간 세인의 말문을 닫게 한 자동차 사고⋯⋯. 카뮈의 삶은 그 자체가 신화요 예술이었다. 더욱이 허다한 비판에도 불구하고 카뮈의 예술은 사후에도 그 영향력이 조금도 줄어들지 않고 있다. 예컨대 『이방인』은 프랑스 최대 출판사인 갈리마르 출판사가 생긴 이래 가장 많이 팔린 책이다. 그리고 각종 여론조사를 보면 프랑스인들이 가장 좋아하는 작가 명단에는 늘 카뮈의 이름이 들어 있다. 찬사는 대중들만의 것이 아니다. 누보로망의 대표 작가 알랭 로브그리예(Alain Robbe-Grillet)는 많은 현대작가들이 작가수업에서 카뮈 문학과의 만남을 가장 소중하게 여겼음을 증언한 바 있다.[57] 좀 과장해서 말하자면 (카프카의 '성'과 더불어) 카뮈의 '태양' 없이는 현대문학도 없다.

지난 여름 일요일, 카뮈의 태양을 찾아 루르마랭으로 가는 길은 과연 뜨거웠다. 마치 우연이 뫼르소를 죽음으로 이끈 그날 알제의 바다처럼……. 이를테면 루르마랭은 지중해 혹은 적어도 지중해로 가는 길이었다. 좌파를 자처했지만 좌파로부터 경원당했고, 알제리인을 자처했지만 알제리인으로부터 야유받은 파리의 카뮈……. 태양과 고요 속에서 그리운 지중해를 향해, 티파사를 향해 귀향하고 있는 루르마랭의 카뮈……. 다만 변함없는 것이 있다면 살아서도 죽어서도 듣는 바로 그 폭력의 아우성일 터……. 목하 세계는 한 치의 양보 없는 대결 속에서 전쟁과 테러의 공포에 짓눌려 있다. 만일 카뮈가 살아 있다면 그는 우리에게 어떤 지중해적 균형을 제시했을까? 루르마랭의 카뮈, 이제는 낡은 묘비의 이름마저 푸른 이끼에 묻혀 사라진 루르마랭의 카뮈여!

주

1) 미셸 갈리마르는 프랑스 최대 출판사 갈리마르 출판사 사장 가스통 갈리마르(Gaston Gallimard)의 조카로서 실질적 후계자로 꼽혔던 사람이다.

2) 알제는 알제리의 수도이다.

3) Olivier Todd, 『카뮈』(김진식 옮김, 책세상, 2000), p.1260.

4) 김화영, 『행복의 충격』(책세상, 1998) 참조.

5) 제르맹 선생님은 아버지의 부재를 일정하게 보상해 주는 존재였다. 후일 카뮈는 제르맹 선생님에게 노벨문학상 수상 연설집 『스웨덴 연설 Discours de Suède』을 헌정할 것이다.

6) 뫼르소(Meursault)는 어원상 '죽음(meur=mort)'과 '태양(sault= soleil)'의 합성어라고 볼 수 있다.

7) 머잖아 『이방인』의 사형수 뫼르소가 죽음을 앞두고 바로 이 확실성을 다시 인식할 것이다.

8) Morvan Lebesque, Camus par lui-même(Seuil, 1963), pp.25-26.

9) 「기독교적 형이상학과 신플라톤 철학」이라는 석사학위논문의 주제 역시 헬레니즘과 기독교의 관계였다.

10) 카뮈는 나중에 그르니에 교수에게 『안과 겉』과 『반항인』을 헌정하며, 그르니에 교수의 저서 『섬 Îles』의 서문을 쓴다.

11) 11회 연재 중 제1회 기사의 제목이 '누더기를 걸친 그리스'였다.

12) 사르트르의 대표 소설의 제목이 『구토 La Nausée』임을 상기하라.

13) Albert Camus, 「미국판 서문」(김화영 옮김, 『이방인』, 책세상, 1998), pp.8-9.

14) Pierre-Louis Rey, 「카뮈와 『이방인』」(앞의 책), p.252.

15) Jean-Paul Sartre, 「『이방인』해설」(앞의 책), pp.184-185 참조.

16) 1950~1960년대를 풍미한 누보로망은 새로운 형식을 선보인 일군의 소설을 통칭하는 용어이다. '누보(nouveau)'는 새롭다는 뜻이며, '로망(roman)'은 소설이라는 뜻이다. 말하자면 누보로망 작가들 사이에는 전통소설과 다른 새로운 소설을 쓴다는 것 외에 딱히 꼬집어 말할 만한 공통점이 없었다. 이것이 그들을 무슨 '주의'나 무슨 '유파'로 지칭할 수 없었던 이

유이다. 대표 작가로는 로브그리예(Alain Robbe-Grillet), 뷔토르(Michel Butor), 사로트(Nathalie Sarraute) 등이 있다.

17) Brian T. Fitch, *L'Etranger d'Albert Camus*(Larousse, 1972), pp.80-81.

18) Albert Camus, 앞의 책, p.136.

19) 앞의 책, p.128.

20) 「미국판 서문」(앞의 책), p.8.

21) 앞의 책, p.129.

22) Albert Camus, 『안과 겉』(김화영 옮김, 책세상, 1988), pp.39-40.

23) 레지스탕스(résistance)는 '저항'을 뜻한다.

24) 콩바(combat)는 '전투'를 뜻한다.

25) 카뮈와 프랑수아 모리악(François Mauriac) 사이의 논쟁이 보여주듯 카뮈가 역사 청산 자체에 반대했던 것은 아니다. 독실한 기독교인 모리악이 자비를 강조했을 때, 무신론자 카뮈는 정의를 역설했다. 하지만 시간이 흐르면서 카뮈 역시 폭력적인 숙청에 반대하는 입장을 취하게 되었다.

26) Morvan Lebesque, 앞의 책, pp.70-74.

27) 앞의 책, p.67.

28) Pierre-Louis Rey, 「『전락』과 카뮈」(Albert Camus, 김화영 옮김, 『전락』, 책세상, 1989), p.174.

29) Jean-Paul Sartre, *Les Mains sales*(Gallimard, 1948), pp.197-198.

30) Albert Camus, *Les Justes* dans *Œuvres complètes*(Tome 1 : Théâtre, Récits, Nouvelles), Bibliothèques de la Pléiade, Gallimard, 1962, pp.338-340.

31) Olivier Todd, 앞의 책, p.102.

32) 앞의 책, p.176.

33) Brigitte Sändig, 『카뮈』(이온화 옮김, 한길사, 1999), p.93.

34) Olivier Todd, 앞의 책, p.800.

35) Albert Camus, 『반항인』(유기환 옮김, 청하, 1993), pp.37-41.

36) 데카르트의 코기토는 '코기토 에르고 숨(Cogito ergo sum)', 즉 '나는 생각한다, 그러므로 나는 존재한다'라는 명제에서 나온 것으로 '존재'의 조건이 되는 '사유'를 가리킨다.

37) Albert Camus, 앞의 책, p.50.

38) 앞의 책, p.70.

39) 앞의 책, p.96.

40) 앞의 책, p.183.

41) 앞의 책, p.199.

42) 앞의 책, pp.226-227.

43) 앞의 책, p.343.

44) 앞의 책, p.410.

45) Morvan Lebesque, 앞의 책, p.34.

46) Eric Werner, *De la violence au totalitarisme*(Calmann-Lévy, 1972), p.35.

47) Olivier Todd, 앞의 책, p.942, 951, 959.

48) 아롱의 『지식인의 아편 *L'Opium des intellectuels*』(1955)은 바로 전후 좌파 지식인들이 빠졌던 공산주의의 유혹을 다루고 있는 책이다.

49) 하지만 『이방인』에 대한 사르트르의 찬사에 대해 카뮈는 고맙다고 느낄망정 옳다고 느끼지 않았다. 카뮈가 보기에 사르트르는 『이방인』에 존재하는 본능적 요소를 무시하고 지성적 요소를 과장했다.

50) 『반항인』은 마치 카뮈 스스로 파고 스스로 빠진 늪과 같았다. 아롱을 비롯한 우파마저도 감동하기는커녕 아마추어 철학자의 도덕경이라고 몰아붙였으니 말이다.

51) '피에 누아르'는 '검은 발'이라는 뜻으로 알제리 태생의 프랑스인을 가리킨다.

52) Olivier Todd, 앞의 책, p.1163.

53) 그 외에도 노벨문학상을 받은 프랑스 작가로는 쉴리 프뤼돔(Sully Prudhomme), 프레데릭 미스트랄(Frédéric Mistral), 로맹 롤랑(Romain Rolland), 아나톨 프랑스(Anatole France), 앙리 베르그송(Henri Bergson) 등이 있었다.

54) Morvan Lebesque, 앞의 책, p.145.

55) Olivier Todd, 앞의 책, pp.1264-1265.

56) 앞의 책, p.1264.

57) Brigitte Sändig, 앞의 책, p.185 재인용.

프랑스엔 〈크세주〉, 일본엔 〈이와나미 문고〉, 한국에는 〈살림지식총서〉가 있습니다.

📖 전자책 | 🔍 큰글자 | 🔊 오디오북

알베르 카뮈

펴낸날	초판 1쇄 2004년 1월 10일
	초판 7쇄 2020년 7월 10일
지은이	유기환
펴낸이	심만수
펴낸곳	(주)살림출판사
출판등록	1989년 11월 1일 제9-210호
주소	경기도 파주시 광인사길 30
전화	031-955-1350 팩스 031-624-1356
홈페이지	http://www.sallimbooks.com
이메일	book@sallimbooks.com
ISBN	978-89-522-0179-9 04080
	978-89-522-0096-9 04080 (세트)

※ 값은 뒤표지에 있습니다.
※ 잘못 만들어진 책은 구입하신 서점에서 바꾸어 드립니다.

376 좋은 문장 나쁜 문장　　eBook

송준호(우석대 문예창작학과 교수)

어떻게 좋은 문장을 쓸 수 있을 것인가? 우선 좋은 문장이 무엇이고 그렇지 못한 문장은 무엇인지 알아야 할 것이다. 대학에서 글쓰기 강의를 오랫동안 해 온 저자가 수업을 통해 얻은 풍부한 사례를 바탕으로 문장교육을 제대로 받지 못한 독자들에게 좋은 문장으로 가는 길을 제시하고 있다.

051 알베르 카뮈　　eBook

유기환(한국외대 불어과 교수)

알제리에서 태어난 프랑스인, 파리의 이방인 알베르 카뮈에 대한 충실한 입문서. 프랑스 지성계에 혜성처럼 등장한 카뮈의 목소리는 늘 찬사와 소외를 동시에 불러었다. 그 찬사와 소외의 이유, 그리고 카뮈의 문학, 사상, 인생의 이해와, 아울러 실존주의, 마르크스주의 등 20세기를 장식한 거대담론의 이해를 돕는 책.

052 프란츠 카프카　　eBook

편영수(전주대 독문과 교수)

난해한 글쓰기와 상상력으로 문학사에 커다란 발자취를 남긴 카프카에 관한 평전. 잠언에서 중편 소설 「변신」 그리고 장편 소설 『실종자』와 『소송』 그리고 『성』에 이르기까지 카프카의 거의 모든 작품에 대한 해석을 담고 있다. 또한 이 책은 카프카의 잠언과 노자의 핵심어인 도(道)의 연관성을 추적하는 등 새로운 관점도 보여 준다.

271 김수영, 혹은 시적 양심　　eBook

이은정(한신대 교양학부 교수)

힘과 새로움으로 가득 차 있는 김수영의 시 세계. 그 힘과 새로움의 근원을 알아보고 지금까지와는 다른 새로운 독법으로 그의 시 세계를 살펴본다. 그와 그의 시에 대해 깊은 애정을 가진 저자는 김수영의 이해를 위한 충실한 안내자 역할을 자처한다. 김수영의 시 세계를 향해 한 발 더 들어가 보고자 하는 독자들에게 유익한 책이다.

369 도스토예프스키　　eBook

박영은(한양대학교 HK 연구교수)

『카라마조프가의 형제들』과 『죄와 벌』로 유명한 러시아의 대문호 도스토예프스키. 그의 작품에 등장하는 생생한 인물들은 모두 그의 힘들었던 삶의 경험과 맞닿아 있다. 한 편의 소설 같은 삶을 살았으며, 삶이 곧 소설이었던 작가 도스토예프스키의 생의 한가운데 서서 그 질곡과 영광의 순간이 작품에 어떻게 드러나는지를 살펴본다.

245 사르트르 참여문학론　　eBook

변광배(한국외대 불어과 강사)

사르트르의 『문학이란 무엇인가』에서 전개된 참여문학론을 소개하면서 억압받는 자들을 위한다는 기치를 높이 들었던 참여문학론의 의미를 성찰한다. 참여문학론의 핵심을 이루는 타자를 위한 문학은 자기 구원의 메커니즘에 문제가 생겼을 때 이 문제를 해결하고, 그 메커니즘을 보충하는 이차적이고도 보조적인 문학론이라고 말한다.

338 번역이란 무엇인가　　eBook

이향(통역사)

번역에 대한 관심이 날로 늘어 가고 있다. 추상적이거나 어렵게 느껴지는 번역 이론서들, 그리고 쉽게 읽히지만 번역의 전체 그림을 바라보기에는 부족하게 느껴지는 후일담들 사이에 다리를 놓는 이 책은 번역의 이론과 실제를 동시에 접하여 번역의 큰 그림을 그리고자 하는 독자들에게 안성맞춤이다.

446 갈매나무의 시인, 백석　　eBook

이숭원(서울여대 국문과 교수)

남북분단 이후 북에 남았지만, 그를 기리는 많은 이들의 노력으로 백석은 현재 우리나라에서 가장 주목받는 시인 중 한 사람이다. 이 책은 시인을 이해하는 많은 방법 중 '작품'을 통해 다가가기를 선택한 결과물이다. 음식 냄새 가득한 큰집의 정경에서부터 '흰 바람벽'이 오가던 낯선 땅 어느 골방에 이르기까지, 굳이 시인의 이력을 들춰보지 않더라도 그의 발자취가 충분히 또렷하다.

053 버지니아 울프 살아남은 여성 예술가의 초상　eBook

김희정(서울시립대 강의전담교수)

자신만의 독창적인 글쓰기 방식을 남기고 여성작가로 살아남는
다는 것이 어떤 의미를 갖는지를 보여 준 버지니아 울프와 그녀의
작품세계에 관한 평전. 작가의 생애와 작품이 어우러지는 지점들
을 추적하는 방식으로, 모더니즘 기법으로 치장된 울프의 언어 저
변에 숨겨진 '여자이기에' 쉽게 동감할 수 있는 메시지들을 해명
한다.

018 추리소설의 세계

정규웅(전 중앙일보 문화부장)

추리소설의 역사는 오이디푸스 이야기까지 거슬러 올라간다. 저
자는 고전적 정통 기법에서부터 탐정의 시대를 지나 현대에 이르
기까지 추리소설의 역사와 계보를 많은 사례를 들어 재미있게 설
명하고 있다. 추리소설의 'A에서 Z까지', 누구나 그 추리의 세계로
쉽게 빠져들게 하는 책이다.

199 디지털 게임 스토리텔링　eBook

한혜원(이화여대 디지털미디어학부 교수)

디지털 시대의 새로운 이야기 양식을 소개한 책. 디지털 패러다임
의 중심부에 게임이 있다. 이 책은 디지털 게임의 메커니즘을 이
야기 진화의 한 단계로서 설명한다. 게임의 역사에 있어서 중요한
패러다임의 변화, 게임이라는 새로운 지평에서 펼쳐지는 새로운
이야기 양식에 대한 분석 등이 흥미롭게 소개된다.

326 SF의 법칙

고장원(CJ미디어 콘텐츠개발국 국장)

과학의 시대다. 소설은 물론이거니와 영화, 애니메이션, 만화, 게
임 등 온갖 형태의 콘텐츠가 SF 장르에 손대고 있다. 하지만 SF
콘텐츠가 각광을 받고 있는 것에 비해 이 장르에 대한 깊이 있는
이해를 도울 만한 마땅한 가이드북이 존재하지 않는다. 이 책은
이러한 아쉬움을 채워주기 위한 작은 출발점이 될 것이다.

문학

eBook 표시가 되어있는 도서는 전자책으로 구매가 가능합니다.

(주)살림출판사
www.sallimbooks.com
주소 경기도 파주시 문발동 522-1 | 전화 031-955-1350 | 팩스 031-955-1355